赤字なしで18年間会社を成長させ続けた筋ジストロフィーの経営者

自分で選び、自分で決める「あたりまえ」の人生

小柴千鶴

RIGHTING BOOKS

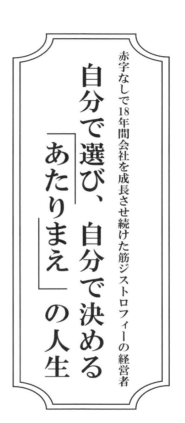

はじめに

私は今年（令和5年）で77歳になります。筋ジストロフィーという難病で、今は首から下は動かすことができず、話すことしかできない状態ですが、施設には入らずに自分の家で生活しています。

それは想像し難いことかもしれません。重度の障がい者は、施設で24時間介護を受けなければ生活できない、というイメージが強いと思います。

ですが、私は実際に自宅で生活を続けています。たとえ身体が動かなくても、日中はヘルパーさんが介護を、夜には学生ボランティアさんが泊まり込みで見守りをしてくれるため、安心して過ごすことができるのです。

そして『NPO法人 夢ハウス』の理事長、『えがお株式会社』の代表取締役という二足の草鞋をはき、居宅・訪問介護サービスと、障がい者就労継続支援B型事業所の運営を行っています。

『えがお』では、訪問介護サービスの提供、つまりホームヘルパーの派遣事業と、野菜の栽培・加工・販売などの働ける場所づくりを通して、高齢者や障がい者の方々が住み慣れた地域で自立生活を続けられるよう、お手伝いをさせていただいています。

『NPO法人 夢ハウス』では、障がい者が生きがいをもって社会の中で働けるように、テープ起こしやハガキ印刷、名刺作成のほか、菓子箱の組み立てなどの軽作業も行っています。

私自身の介護を守るため、そして働いて収入を得る場所を作るために個人企業として始めましたが、現在は2つの事業所の職員と利用者さん、合計約180人もの関係者を抱える大きな組織に成長しました。

同時に、たくさんの責任を背負う立場になりました。気になること、指示を出すことが以前よりもはるかに増えて、神経を尖らせる時間が長くなりました。

そのせいか食事が喉を通らなくなり、3カ月間入院したことがあります。体がかなり痩せてしまい、あばら骨が出て、背中には床ずれができてしまいました。

2022年の4月にも、入院をしました。私は病気のせいでちょっとしたことで体調が悪化してしまうのですが、最近はその変化がかなり激しく現れるようになり、体調管理に気をつけていないと、すぐにお医者様のお世話になってしまいます。

この身体では、いつまでも仕事を続けることはできません。2つの事業を継続させていくために「本格的に終活を始めよう」と決意しました。今から2年前のことです。

ただし、終活としてやるべきことをひとつずつ確認していくと、私が解決しなければならない問題が、あまりに多いことがわかりました。もちろん、いっぺんに片付けることなどできません。できる範囲でひとつずつ取り組み、亀の歩みのように進めてきたのです。

しかし最近、多くのヘルパーさんから
「痩せましたね」

と言われるようになりました。

「え、そうなの？」

自覚はなかったのですが、確かに入院したときに体重が３０kgまで落ちて、まだ戻っていませんでした。少し不安になり、入浴の際にヘルパーさんに頼んで、自分の体を写真に撮ってもらいました。

それを見て、驚きました。体のどこにも筋肉がなく、皮の下に骨が浮かんでいるだけだったのです。

その瞬間、「終活を急がないと、間に合わない！」と、火がついたのです。

私は小さな頃から多くの人たちに出会い、さまざまな体験をして、今に至っています。

それを、なんらかの形で人に伝えていくことが、私をここまで育ててくださった皆さんへの、ひとつのお返しになると思っています。

また、手も足も動かせない、耳もほとんど聞こえない、これだけ重い障害があってもここまで生きてきた自分の生き様を、障がい者の人たちに伝えたいという気持ちもあります。

そして、できれば文章だけではなく、より多くの人々に伝わるよう、視覚的にも伝えられる映像として残したいと考えました。

私は自力で動くことはできませんが、心の中にはつねに「伝えたい」ことが溢れています。障がい者や、その生活を支えている介護や医療の関係者の方々、将来は福祉分野で働きたいと思っている学生さんなど、多くの人に見ていただけることを祈っています。

目次

《前編　生活編》

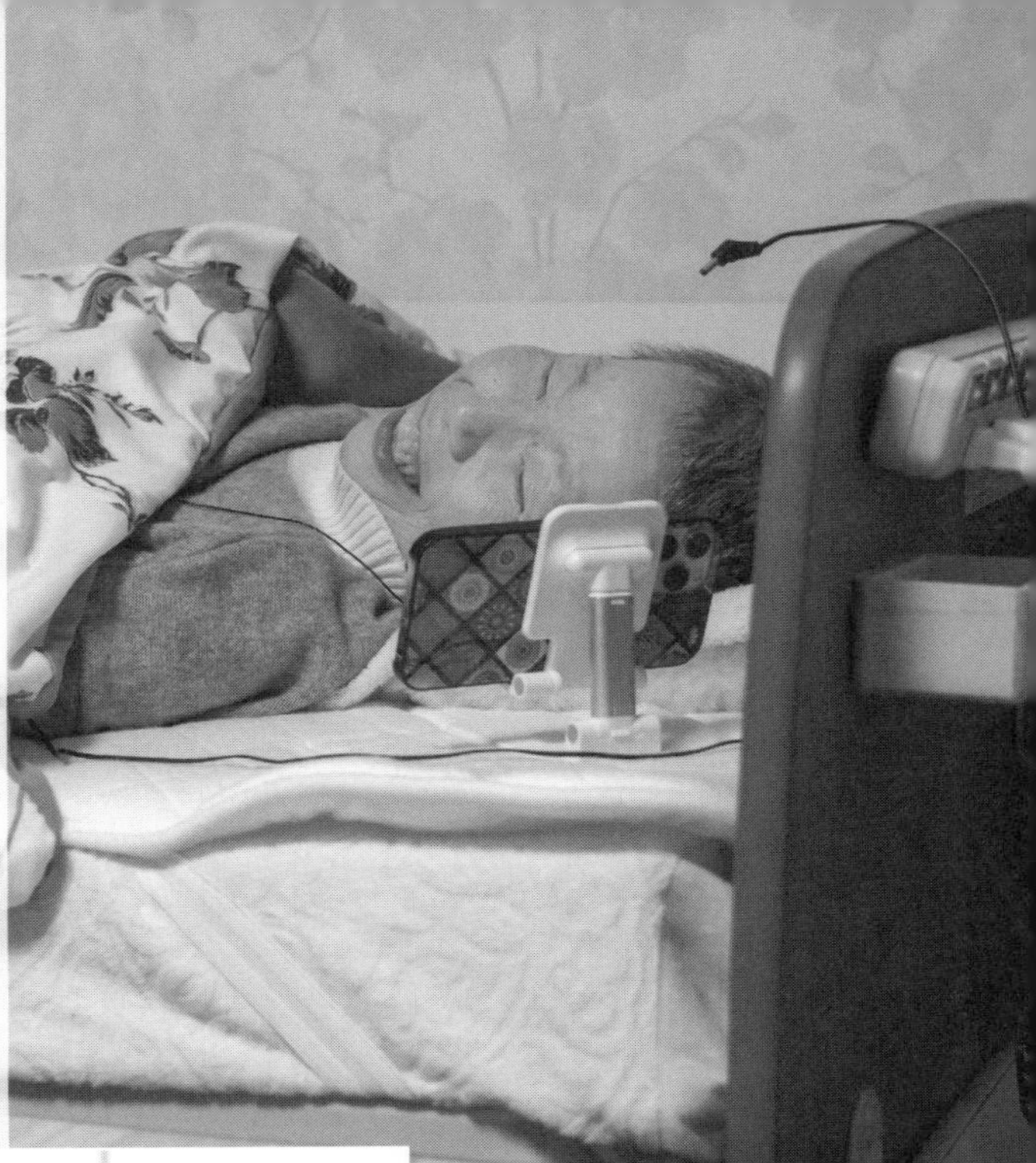

体が動かなくても、ヘルパーさんと学生ボランティアさんに支えてもらいながら、私は自分の生活を営んでいます。入院しても元の生活に戻れるのは、彼らのおかげです。

障がいを抱えている人の多くは「生きづらさ」を感じています。その原因は何なのか、どうすれば改善されるのか。毎日の生活の中で考え、提案し、実践してきたことの一部をご紹介します。

第1章　最近の私の生活について

『えがお』自慢の男性ヘルパーたち

私の生活は、ヘルパーさんなしには成り立ちません。そのため、これまで本当に多くのヘルパーさんと出会ってきました。

いま『えがお』には、とても頼りになる男性ヘルパーさんがいます。入社した時はまったくの素人で、料理もほとんどやったことがないと言われ、はじめのころは「大丈夫かな」と不安になりました。ですが、彼はすばらしい資質を備えていました。どんどん仕事を覚えて、料理も作れるようになりました。

いま、私は毎朝7時30分にその男性ヘルパーさんに起こしてもらい、朝食の支度と介助をしてもらって、出勤しています。昼と夜の食事も、ほとんど彼に作ってもらっています。

私の食事を担当するということは、かなり細かい要望に応えなければなりません。私は辛いものや甘いもの、硬いものが食べられませんし、誤嚥もしやすいため、介助の際にも気をつけてもらいたいことが、たくさんあります。そうした要望の一つひとつをしっかり受け止めて、その通りにできるよう、全力で努力してくれているのです。今は私と、『えがお』の利用者さんの生活を守ってくれる、とても頼りになる存在です。

他にも、『えがお』には男性ヘルパーが5人もいます。３０人未満の規模の事業所としては、なかなか珍しいことだと思います。介護業界で男性職員が働く場は、どうしても施設になりがちだからです。

以前は、ホームヘルパーといえばほとんど女性でした。男性は力がありますが、細やかな気配りが必要な介護や、料理、掃除などの仕事には向いてないと思われていたからです。

しかし、そうでもありません。『えがお』の男性ヘルパーはみな、女性に負けず劣らず料理がうまく、家事もきっちりこなします。また、女性では体力的に難しい部分もカバーしてくれるため、本当に感謝しています。

自分が食べるものを、自分で決める

私は冷蔵庫の中にどのような食材が残っているのか、ほぼ把握しています。買い物が必要になったらヘルパーさんに必要なものを伝えて、メモをしてもらい、スーパーで購入してもらいます。

その際「メモの順番通りに探して、スーパー内を無駄に歩き回らないように」と言います。スーパーのどこに何が置いているのかを頭の中に描いて、最も短い動線で買い物を終わらせて短時間で帰ってくる。そうすれば、残りの10分間はのんびりお話ができるかもしれません。そういう工夫を、私の介護で練習してほしいと思っています。

食事のメニューは、自分で決めています。私は自分が食べるべき摂取量を知っているので、それを満たすために、夜のうちに翌日の朝・昼・夜のメニューを決めます。そして夜に来たヘルパーさんに、朝食の準備をしておいてもらいます。朝は食事、身支度、トイレ介助等やることが多いので、せめて料理の時間は短縮しておきたいからです。

水分は一日に1200ml摂ると決めているため、1回の食事で2杯のお茶と、事務所にいる間にコーヒーを飲むようにしています。排尿量もチェックして、飲んだ分と出た分のバランスを確認しています。

何故そこまでキッチリするのかと言われたことがありますが、自分の体が大切だからです。大切なものだから雑に扱ったり、他人に任せたりはしません。自分の体のことをいつも真剣に考えているからこそ、他人にも真摯になれるのだと思っています。

入院中でも、食べたいものを食べる

２０２２年に入院したときのことです。病院で出される食事は、３食とも重湯のみでした。体の状態から、医学的・栄養学的にそのメニューが正解だったのかもしれませんが、どうしてもドロドロの重湯が喉を通らず、毎回残していました。そのため、点滴で栄養を補給していました。

入院して点滴を受けていれば、ひとまず死ぬことはありませんが、それだけでは体は元気になれません。ベッドに横になりながら、どうしたらこの体は元気になるんだろうと考えていたとき――不意に、パンが食べたくなりました。

「ねえ……、こっそり、パンを買ってきてくれない？」

私は、付き添いのヘルパーさんにそうお願いしました。

そんな勝手なことをしたら、主治医の先生に怒られるとわかっていました。それでも、自分の体が「パンが食べたい」と訴えていたので、試してみたくなったのです。

ヘルパーさんが買ってきてくれたパンを一口かじると「おいしい」と感じられ、飲み込むことができました。全部は無理でしたが、久しぶりに、口から食事をとることができました。

重湯以外なら食べられるかもしれないと思った私は、今度はお弁当を買ってきてもらい、ちょっと硬めのご飯を口に入れてみました。それも、食べることができました。

さすがに黙っているのも気が引けたので、食べた後に、主治医の先生に「すいません、お弁当を食べました」と、正直に告白しました。先生は渋い顔をしましたが「これからは、先に言ってくださいね」と、許してくれました。

「わかりました。じゃあ明日から、朝はパンを買って食べます」

私がそう言うと、先生はまた渋い顔をしましたが、何も食べないよりはいいと思ってくれたようです。

それから2日間、食べたいと思ったものをヘルパーさんに買ってもらい、少しずつ食べ始めました。重湯が食べられなくて点滴を受けていたときは、体が辛くて気持ちも沈んでいたのですが、食べる物を変えただけで喉を通るようになり、気持ちもどんどん上向きになっていきました。それと同時に、体の中にエネルギーが戻ってきたような気がしました。

特技「在宅生活に一瞬で戻る」

このまま入院していても意味がないと思った私は、先生に「退院させてください」と頼みました。さらに、入院中にたくさん検査を受けていたため「もし、何かの病気が見つかっていたのだとしても、ここまで生きてきたんですから、もう身体に負担がかかるような手術や治療を受ける気はありません」と、ハッキリ言いました。

すると、先生は私の気持ちをきちんと受け止めて「わかりました」と言ってくれました。

「じゃあ、何時に帰れますか？」

「そうですね……入院患者さんの会計は3時からです。会計を済ませてくれたら……」

「会計を3時に済ませたら、退院ですね、わかりました！」

強引に退院の許可をとりつけた私は、意気揚々と『えがお』に電話をかけました。

「3時に退院するから、準備して！」

普通に考えればかなり無茶なお願いでしたが、私は入退院を繰り返してきた経験から的確に指示ができるようになっていましたし、職員たちも慣れた動きで対応してくれました。そつなく退院手続きを済ませ、私はその日のうちに普通の生活に戻ることができました。これは私の特技のひとつです。

退院後は1週間安静にしていましたが、その後、会社に復帰できました。

体調を崩して入院しても、必ず自宅に帰ってきて、元の生活に戻る。

私の在宅生活を守るという創業時の目的から外れることなく、『えがお』はずっと、その役目を果たしてくれているのです。

薬よりも食事が効いた

退院するとき、担当の先生は、在宅医の先生に私の医療を繋げてくれました。鳥取県では有名なターミナルケアの先生だと聞きましたが、実際に訪問してやってくれることは、簡単な診察と、薬の投与だけです。

点滴や薬では自分の身体が元気にならないと分かっていたため、私は男性ヘルパーさんと相談をしながら、無理なく食べられそうなものを見つけて、毎日違うメニューになるよう食事の計画を作っていきました。

すると、帰宅して1週間くらいで「身体が元の状態に近づいてきた」という実感を得られました。口から食事をとること、食事を楽しむことは、入院して点滴を受けるよりも、私にとってははるかに効果的だったのです。

ただ、一度落ちてしまった体重は、なかなか戻りません。

そこでタンパク質を増やすために、再び男性ヘルパーさんと相談して、朝はご飯と味噌汁、スクランブルエッグとお漬物。お昼のお弁当には肉と魚を一品ずつ入れてもらうようにしました。

食べることの難しさ

健常者の方々でも、心配事があるときやストレスで苦しいとき、食事が進まなかったり、食べ物が喉を通らないという経験をしたことがあると思います。

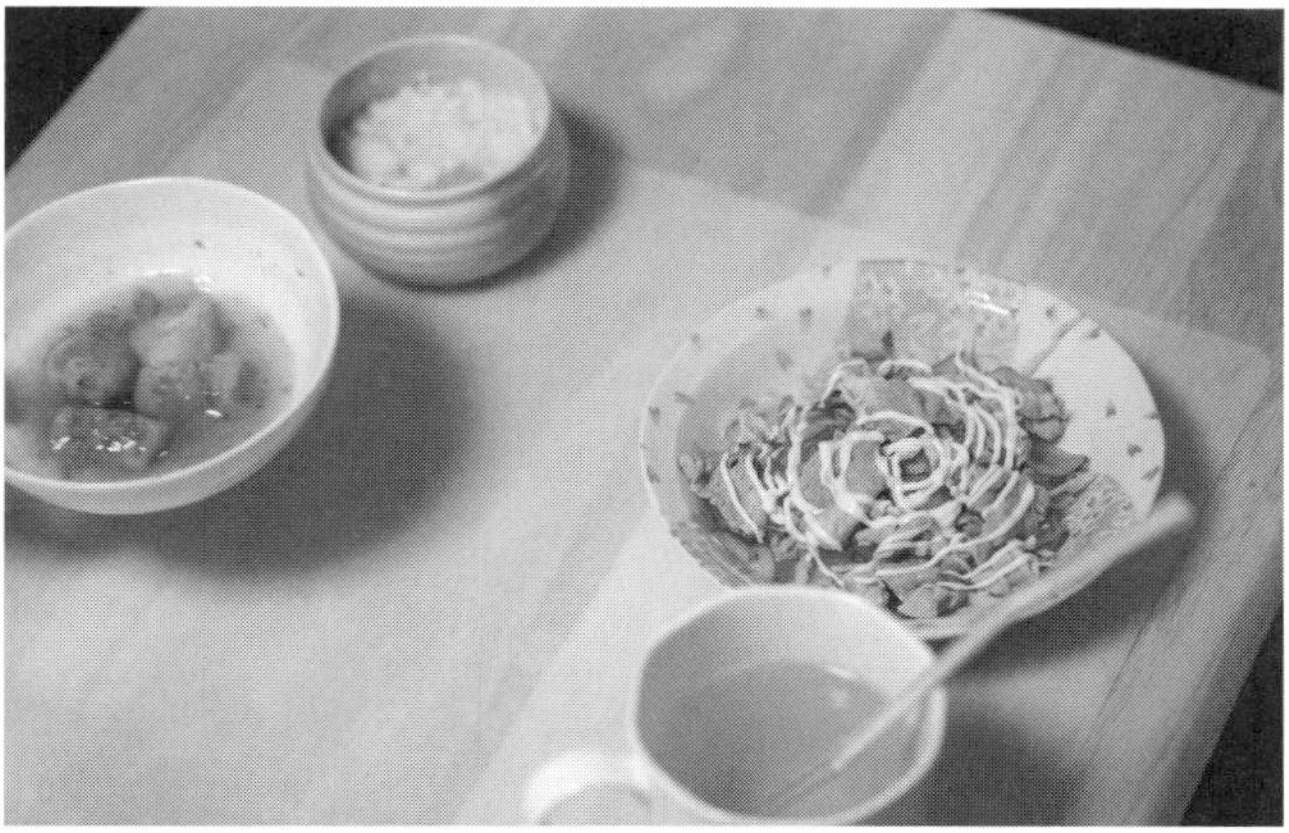

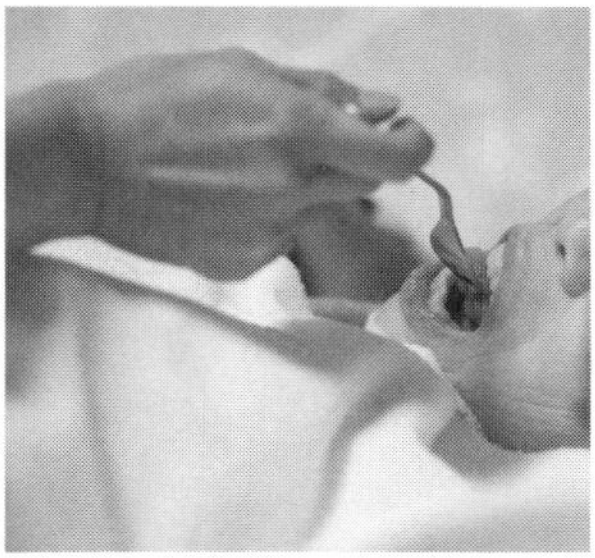

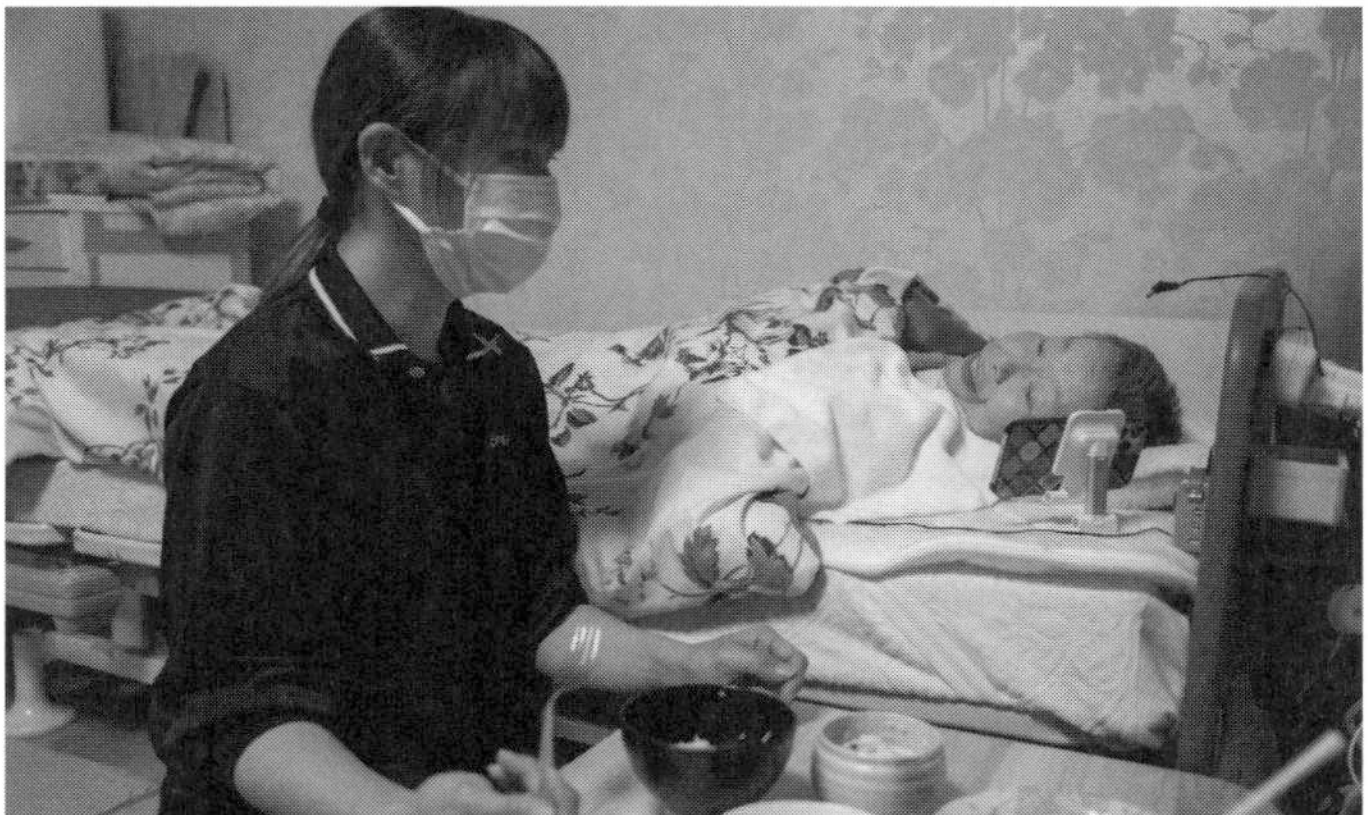

ある日の食事風景

私の場合、ヘルパーさんの表情がふっと変わった瞬間や、何気ないひと言、ボソリと呟いた言葉などに神経が過敏に反応してしまい、「もういい」と、急に食べられなくなってしまうことが頻繁にあります。

これ以上体重を落とすわけにはいかないため、神経がざわついたときも、なるべく気分を変えて食べるように努力をしているのですが、なかなかうまくいきません。

とくに事務所から帰宅した後の夕食は、３０分しかなく、バタバタしてしまいます。帰宅して、着替えて、ベッドに横になる。まず、これだけで１５分かかります。そして残りの１５分で、夕飯を食べ終わらなければなりません。私は首が座らないため、食べるのも、お茶を飲むのも、慣れないヘルパーさんのときは「こわいな」と危険を感じてしまいます。

ある程度経験を積んだヘルパーさんなら、しっかりした介護技術があるので安心なのですが、小さな子どもがいることが多く、遅い時間まで働くことができません。落ち着いて夕飯を食べられるようになるには、まだまだいくつもの課題が残っています。

第2章　障がい者の〝生きづらさ〟とは

医療を選ぶ権利

　どれほどハンデがあっても、私は自分が受ける医療を選択したいと思っています。とくに、検査漬けになることだけはお断りです。

　検査をするかどうかは患者が決めてもいいはずなのに、私が早く退院したくて「帰ります」と言うと、多くの医師は「まだ検査が残っています」と言って引き止めます。私は検査で体に管を入れたりすると調子が悪くなるし、しんどい思いをして無理やり命を延ばすより、自然に訪れる死を受け入れたいと思っているので、医師がしつこく検査をしろと言っても、絶対に断り続けます。

　検査をしないと危険ですよと言われたこともありますが、それを断ってから数年無事に生きながらえているので、何も問題はないですね。

自分でナースコールを押せない

病院は完全看護のシステムであると国が謳っており、ナースコールを押せば看護師がすぐにベッドサイドに来てくれるため、以前は入院中にヘルパーが付き添うことができませんでした。その必要はない、と考えられていたのです。

しかし私のような重度の障がい者で、家族の付き添いもない人間が一人で入院する場合、看護師さんに助けてもらいたいと思っても、自分でナースコースを押せません。

やがて制度が改正され、年間72時間は、入院中のヘルパーさんの付き添いが認められました。

どのような根拠で72時間という数字を出したのかはわかりませんが、私は24時間誰かに付き添ってもらわなければいけないため、3日分にしかなりません。それ以上の日数をヘルパーさんに付き添ってもらう場合は100％自費となり、その金額は10日間で約13万円にもなります。

私はこの72時間という制度ができる前から、毎晩、ヘルパーさんが帰った後に鳥取大学の学生ボランティアさんに来てもらって、泊まり込みでの見守り活動をお願いしていました。家の鍵を閉める、タオルをかけてもらう、体調が急変したときは病院に電話をかけてもらうなど、誰にでもできることをお願いして、あとは眠くなるまでおしゃべりをしたり、学生さんの悩みを聞いたりしています。

２０数名のボランティアさんが登録しており、入院中は夜だけではなく日中も毎日交代で来てもらうことができたため、なんとか無事に過ごすことができました。

ですが、障がい者がみんな私のように、２４時間の付き添いを確保できるわけではありません。看護師さんに助けてもらいたいと思っても、自分でナースコールが押せないため、気づいてもらえるよう大声をあげるか、見回りに来てくれるまでひたすら耐えるしかありません。

重度の障がい者が一人で入院するということは、本人にとって、とても大変な事なのだということを、ぜひ多くの方々に知ってもらいたいと思っています。

高すぎる医療費

入院中だけでなく在宅医療も、障がい者の生活に大きな負担をかけています。

体調を崩していない状態でも、私は月に1万円くらいの医療費を支払っています。退院後に私の在宅医療を担当してくれた先生は、いつも看護師を2人も連れて訪問してくれますが、やることとは簡単な診察と、薬を出すだけです。来てから帰るまで、10分もかかりません。そんな医療に、なぜ看護師が2人も必要なのか？　この高い医療費はどうなっているのか？　それを良しとする今の医療制度は本当に適切なのか？　いつも疑問に思っています。

昔は看護師さんに自宅で浣腸してもらうだけで、5000円もかかりました。浣腸を挿すのは医療行為ですから、以前は看護師にしかできなかったのです。あのころも「しんどいことは全部ヘルパーさんがしてるのに、なんで浣腸を挿すだけで5000円以上もかかるのか」と、憤慨していました。

今は浣腸や誤嚥時の吸引もヘルパーができるようになりましたが、だからといって劇的に負担が軽くなり、障がい者の生活の質が改善したわけではありません。重い障がいを持つ人たちが生きづらい状況は、何も変わっていないのです。

働いてもお金が残らない障がい者福祉制度

介護サービスを受けると、生活保護を受けている人以外は、自己負担額を支払わなくてはなりません。私は多くのサービスを受けて生活しているため、自己負担は月7万円にもなります。

実は、会社を立ち上げる前は3万円程度でした。仕事を始めて収入を得るようになってから、自己負担が増えたのです。

国は「障がい者が自信を持って働ける社会づくり」を目的として、障がい者自立支援法を作りました。私も社会人として働きたいという気持ちがありますし、医療や介護にかかる自己負担が大きいため、生活を豊かにするために収入を増やしたいと思っていました。

ところが、動かない身体にムチを打って働き、給料を得ても、所得税の納税額や介護サービスの自己負担が増えたため、生活に使えるお金はほとんど増えませんでした。

頑張って働くと、自己負担が増える。不自由な体で努力をしても報われないこの制度は、一体誰のために作られたものなのか。

私は負けん気が強く、自己負担分を仕事で稼いで払っていますが、それがいいことだとは決して思っていません。

介護を受ける側は、人を選べない

介護保険制度が始まる前、訪問介護は行政が担っていました。私を担当してくれるヘルパーさんは数名いましたが、その中でも私が最も「合わない」と思っていた人がいました。ひどくお節介な人で、私の希望などおかまいなしに、一方的な介護をするのです。なぜか、そのヘルパーさんは「小柴さんのことは、私が最後まで面倒を見る。私でなければ、あの人の介護はできない」と、周囲に吹聴しました。それを鵜呑みにしてしまった行政の担当者は、私の介護を本当にそのヘルパーさんだけに任せてしまいました。まだ「介護＝行政のお金でお世話になる」という感覚が一般的だった時代です。介護を受ける側は不満があっても訴えることがほとんどできなかったため、私は嫌で嫌でしかたがなかったのですが、どうすることもできず、５年間耐え続けました。

その終わりは、唐突でした。そのヘルパーさんの旦那さんが亡くなり、１週間後に仕事をやめてしまったのです。

ようやく彼女から解放された私は、次に担当してくれる人を楽しみにしていました。その他の５～６人のヘルパーさんは、みんないい人たちだったからです。

ところが、喜びは束の間でした。私が「いい人」だと思っていた次のヘルパーさんは、お節介なあのヘルパーさんと、まったく同じ性質の持ち主だったのです。

私が「そんなことはしなくていいから、やめて」と言っても、本人は好意のつもりでやっているため、まったく聞いてくれません。私が「あの人は嫌だ、嫌だ」とばかり思っていたために、ほかの人の悪いところがまったく見えていなかったのです。

体を自由に動かせていた頃は、性格が合わない人と出会っても、避けたり、距離をとったりして、自分が好きな人とだけ付き合うことができました。しかし、体が動かなくなり、介護を受けなければいけない立場になったとき

「これから先は、好きな人とだけ一緒に生きていけるわけではないんだ」

と、悟りました。

今はいくつもの介護保険事業所があり、ヘルパーさんの数も増えましたが、それでも介護を受ける人が「好きなヘルパーさんを選んで、自分の介護をその人だけに担ってもらう」ことは、不可能です。

自分が望む介護と違うことをされたら、介護を受ける人はガマンするか、「私の希望はそうじゃない」と訴えるしかありません。訴えても聞いてもらえないときは、事業所の変更を検討することになるでしょう。

私は、自分の意に沿わない介護をされることの辛さや苦しさが、よくわかります。だからこそ『えがお』の利用者さんには、そのような思いはさせたくありませんし、そのためにはヘルパーさんの質を上げていく必要があります。

だから、私はいつも「介護の仕事はサービスですよ」と、口をすっぱくして言っています。利用者さんがヘルパーさんを選べなくても「このヘルパーさんにまた来てもらいたい」と思えるような介護を提供できれば、利用者さんにガマンをさせなくて済むからです。

第3章　自分らしく毎日を生きるために

Siri の活用で快適に

重度の障害がある私には生きづらい世の中ですが、努力と工夫で改善できることはたくさんあります。たとえば、先端技術の活用です。

私は Siri を活用するようになって、生活がかなり楽になりました。

エアコン、扇風機、パソコン、ステレオ、テレビ、ブルーレイなどのリモコンを Siri に対応させれば、「Hey Siri, ○○して」と呼びかけることで、コントロールできるようになったのです。

おかげで自室に一人でいる時間帯も、エアコンのオンオフや、

先端技術の活用で「できなかったこと」が「できる」に

テレビのチャンネルを操作できるようになりました。
Siri は誰の命令でもきくわけではなく、最初に使用者の声を覚えて、その声の命令のみに反応します。とても賢いのですが、確実ではありません。たまに、指示を認識するまで時間がかかったり、まったく反応してくれないときもあります。私の命令回数が多いせいで、処理が追いつかなくなったり、余分なデータが残ってしまっているのかもしれませんが、とにかく１００％安心することはできないため、万が一に備えて、今も夜は学生ボランティアさんに泊まってもらっています。
玄関の鍵の開閉も Siri でできるのですが、そうした不確実性と、セキュリティ面の不安もあるため、まだ設定していません。
現代では、便利な技術や道具がどんどん開発されています。しっかり情報を集めて、リスクも把握しつつ、生活がより楽になるよう取り入れていこうと思っています。

こだわりの間取り

いま住んでいる家は、自分で設計しました。前に住んでいた家からここに移るとき、どうせならとことんこだわってやろうと思ったのです。おかげでお風呂、トイレ、キッチンなど、とても便利になりました。

また、玄関から外に出なくても2階の事務所に通えるよう、エレベーターを設置しています。鳥取県は冬は雪が深くなりますし、雨が降るだけでも移動は大変になります。加えて、外に出ると外気との気温差で、体に大きな負担がかかってしまい、事務所に行くだけで体調が悪くなる可能性があります。エレベーターの設置にはそれなりの費用がかかりましたが、安定して出社、帰宅ができているので、良かったと思っています。

以前住んでいた家も、まだ手元に置いています。１１台も停められる駐車場があるため、まだまだ活用できると考えています。

お金は「快適な毎日」を維持するために使う

私はどれほど給料をもらっても、食費は月に2万７０００円くらいしか使いませんし、洋服や装飾品などもほとんど買いません。出費は主に、室内を快適温度に保つための光熱費と、医療費、そして介護サービスの自己負担です。

私が当たり前の生活を送るためには、1日3回の食事作りと摂食介助に加えて、移動、着替え、トイレ、入浴などにも介助が必要です。さらに、私の体を動かす際には繊細な介助を必要とするため、必ず二人体制で行ってもらいます。その結果、私が受けている介護サービスは、かなりの金額になってしまうのです。

それはすべて私が生活するうえで必要なことなので、とくに高額だとは思っていません。それだけお金がかかるなら、そのぶん働けばいいからです。会社のお金をすべてチェックしているように、自分のお金の流れもExcelですべて管理しているため、これを怠らない限り困ることはありません。

また、体にいいもの、介護の役に立つものを見つけたら、すぐに通販で購入して実践しています。普通の人がタバコやお酒に使うお金を、自分はそうしたものに使っているのだと思えば、高い買い物であるとは感じません。

余分な衣類やアクセサリーは持たない

今はたくさんの古着屋さんがあり、若い人がよく利用しているそうですが、私は見ず知

設備さえ整えれば、全介助でも自宅で入浴が可能

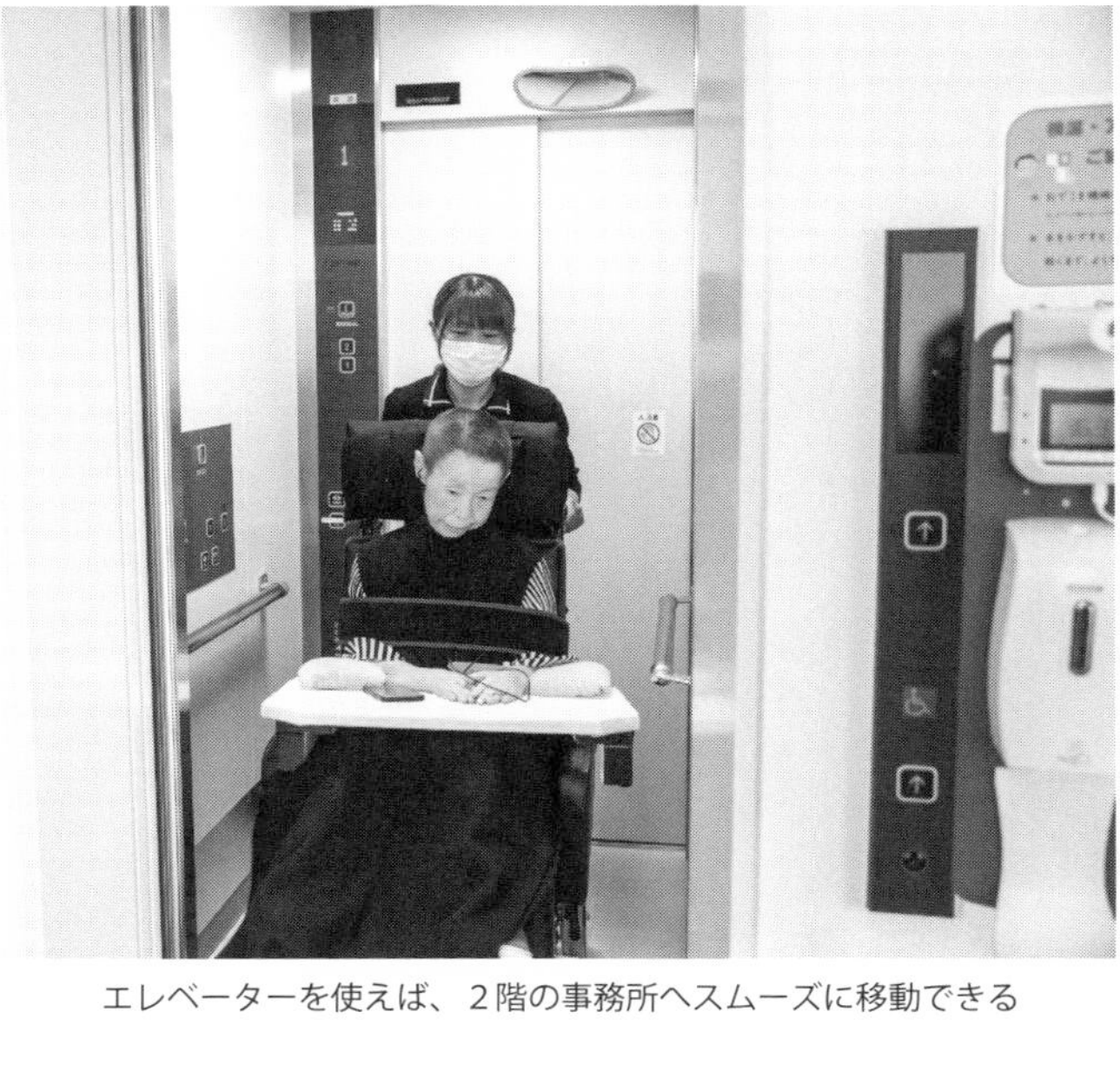

エレベーターを使えば、２階の事務所へスムーズに移動できる

らずの人の古着を身につけることに抵抗があります。そのため衣類は新品しか購入しませんが、必要以上には求めません。

昔、障がい者住宅に住んでいた頃、私は必要ない物、余分な物は持ちたくないと思っていたため、一般女性と比べて衣類が少ない状態でした。それをある人が「服を買うお金がない」と誤解し、ダンボールいっぱいの古着を私の家に持ち込んだことがありました。

善意からの行動だったと理解していますが、私にとっては自尊心がひどく傷つけられる出来事でした。時間が経ってからこっそり当時のヘルパーさんに捨ててもらいましたが、そのダンボールを見るたび、情けない気持ちになりました。

前著にも書きましたが、私は夫を見送った後、自分の身なりを普通の女性と同じように整えようと思って、自力で着脱できる外出用の服を買ったり、ピアスを開けたりしました。また、宝石もたくさん購入しました。

ところが、ふとした拍子に、それらがゴミのように見えました。同じような宝石、デザ

服も宝石も、必要な分だけでいい

インがたいして変わらない服を、どうしてこんなにたくさん並べているんだろう。なんて無駄なことをしてきたんだろうと反省し、それ以上は宝石も服も、必要以上に買わなくなりました。自分が好きだと思って選んで購入したものは、１０年でも２０年でも大事にしたい、という気持ちがより強くなったのです。

たとえば、セーターを１５着持っているとします。毎日違う服に着替えるとしても、１カ月に2日しか着用できず、残りの２８日は仕舞われたままです。普通は気に入ったものを何度も着ますから、一度も着ることがないまま、次の冬までタンスの肥やしになってしまうセーターもあるでしょう。それでは、あまりにかわいそうです。

ですから、この2年くらいはほとんど洋服を買っていません。今はオンラインショップで簡単に選んで買えるようになりましたが、私はタンスの中もキッチリ整理しているので、新しい服を買うと、また頭を使って整理しなければいけません。それもあって、新しい服が欲しいという欲求は、女性にしては薄いようです。

持っている服は100%活用する

いま持っている服を全て平等に着るため、仕事をする平日の5日分の服は、事前にすべてセットします。具体的にはハンガー1本に、上下の服と羽織るものをセットし、これを3つ用意してぶら下げておきます。こうすると、最初の3日間に着る服が決定します。残りの2日は、3日分の衣類の組み合わせを変えるだけです。

さらに、次の週の分も同じようにハンガー3本でセットすれば、1カ月で持っている季節の服をすべて着ることができるのです。

このハンガー3本を使った着まわしをすることで、毎朝「今日はどの服を着ようか」と悩まなくて済むようになったので、とても楽です。

その他の衣類は、季節ごとのタンスに分けてきっちりと収めています。引き出しの中には、まるでお店の商品のように、透明な袋に入った衣類が整然と並んでいます。

私が「あの服を出して」とお願いして、ヘルパーさんがタンスから服を雑に抜き取ると、他の衣類もぐちゃぐちゃになってしまいます。そういう人もいるので、私は「誰がどんなふうに服を抜き取っても散らからない方法はないか」と考え、1枚ずつ袋に入れて収納するやり方を見つけました。袋に入れておけば、衣類がお互いに絡まってぐちゃぐちゃになることはありません。

神経質かもしれませんが、人にお世話になっているからこそ、自分のスタイルを守りたい、曲げられたくないという気持ちが強いのだと思います。

自分の気持ちを素直に伝える

私は最初から、ヘルパーさんや職員さんに「こうして、ああして」と、指示できたわけではありません。

以前は「そこまで言わなくてもわかるだろう」と思っていましたし、失敗を何度も経験するうちに「言わなければ」という気持ちが湧いてきたものの、素直に応じてくれる人ばかりではありません。中には不愉快そうにしたり、拗ねる人もいます。ほんのひとこと口にするだけで、関係性が崩れてしまうこともあります。

相手との関係を悪化させたくなくて、自分の気持ちや希望を伝えることに、大きな抵抗感がありました。

しかし、それは間違いでした。

まずは、やってほしいことを伝える。相手が苦情や不満を口にしたときは、なぜそうしてほしいのか、そうするべきなのかを、しっかり説明する。それが一番いいのです。

昔は、ヘルパーさんの介護に不満があっても、贅沢を言ってはいけない、文句を言ってはいけないと思い込み、自分を犠牲にして生活していました。たとえば、排泄介助で自分の下半身を拭いてもらうとき「もう少し下」「もう少し上」「もうちょっとキレイに拭いて」と言いたくても、なかなか言えませんでした。自分の下半身を拭いてもらうなんて、親子でもほとんどありません。他人にそれをお願いするのは、とても抵抗があったのです。

けれど、ガマンをするだけでは、介護を受ける人間の状況は何ひとつ良くなりません。それどころか、キレイに拭いてもらえなければ、下着や服が汚れたり、皮膚がかぶれたり、床ずれができたりしてしまいます。

勇気を出して「もう少しキレイに拭いて」と言ったとき、ヘルパーさんは眉を顰めて「まだ?」「どこが違うの?」と返しました。私の言葉は、ヘルパーさんのプライドを傷つけてしまったのです。それでも、言わなければ自分がケガをしたり、自分の心が傷ついてしまいます。相手を傷つけてしまっても、なぜそう言ったのかを説明し、理解してもらえるよう努力をするしかありません。

自分の生活と尊厳を守るためには、相手に何をしてほしいのか、正直に言うしかないのです。

私がこれまでいろいろな講演会に出て、自分の体験をありのままに語ってきたのも、そのためです。いつまでも介護分野の人手不足が解消されないのは、日本の政治家が現状を知らず、厚労省の官僚に任せっきりで、綺麗ごとばかり言っているためです。介護の現状を知ってもらうためには、私のように介護を受けている立場の者が、ありのままをさらけ出すしかありません。

はじめは恥ずかしいという気持ちがありましたが、今は違います。

隠さず、飾らず、赤裸々に自分の体験や思いを伝えるほうが、物事は早く解決し、話も早く進みます。そうなれば、自分も楽になり、周りも信頼してくれるようになります。

微妙な感覚と、急変しやすい体調

筋ジストロフィーで体が動かなくなるということは、高齢で寝たきりになった状態とは、まったく違います。昔、体がどんどん弱っていったとき「私は他の人よりも、ひと足先に齢をとっていくだけ」と自分に言い聞かせていた時期がありましたが、実際は違いました。

筋ジストロフィーの人は「足をちょっと、1㎝だけ動かしてほしい」と頼むことがあります。しかし、健康な人にとっての「ちょっと」は3㎝くらいです。足を持ち上げるだけで、普通は2㎝くらい動いてしまいます。そこまで動かされると、こちらが希望する動きとは違ってしまうのです。

1枚のタオルが体に被さっているだけで「重い」と感じたり、介助のために退かした掛け布団が足先に乗ってしまうと足の甲がお辞儀をした状態になって痛いなど、介護をする側はそうした感覚がなかなか掴めなくて苦労しますし、介護を受ける側も自分の体を楽な状態に維持できなくて、お互いに大変です。

また、体調が急変しやすいのですが、筋ジストロフィー患者の介護に慣れていない人は、その変化を察知しにくいようです。

数年前のある夜、私は急に体調を崩しました。ヘルパーさんがすぐ近くに座っていたので、「えらい（しんどい）よ」と言おうとしたのですが、上手く声が出せません。見守りのためにそこにいたヘルパーさんは、私がいつものように寝ていると思って何もしてくれませんん。幸いにも慣れたヘルパーさんがすぐに来てくれて、私の変化に気づいて救急車を呼んでくれたので、助かったのですが。

「暑い」「寒い」と感じたとき、今の私はSiriでエアコンの温度調節ができますが、以前は頼む相手がその場にいなければ、ただ耐えるしかありませんでした。体の向きを変えたいのに、手伝ってくれる人がいなくて変えられないときも同じです。そんな状況で一人でじっと耐えていると、たいてい自律神経がおかしくなります。急に体が熱くなったり、冷たくなったり、全身が硬直したり、とてつもない不安が襲ってきたり……ひどいときは、パニック症状に似た状態になります。ちょっとしたことで、いろいろ辛い症状が出てしまうのです。

他にも、加齢による視力や聴力の低下が出てきました。頭も以前より回りにくくなり、筋ジストロフィーの症状以外でも衰えを感じています。

そのため、介護の経験が豊富なベテランの介護福祉士であっても、自分の身を守るため、注意してほしいことはしっかり伝えます。慣れるまでは、安心して任せることができないのです。

このように体は繊細で弱いのですが、生命力は強いと思っています。ありがたいことに、ここ数年は風邪をひいていません。食あたりを起こしたことはありますが、すぐに往診に来てもらい、点滴を打ったらすぐに治りました。

新型コロナウイルス感染症対策でマスク着用が当たり前になったので、その影響もあるのかもしれませんね。

ただ、今でも少し残念だと思うことがあります。

事務所内はエアコンで快適温度を保っていますが、私と事務員さんたちでは、温度の感じ方が違います。もちろん個人差はあるものですが、私はとくに敏感なので、自分で気をつけています。

たとえば冬、事務員さんが「暖房が効きすぎて暑い」と感じたなら、設定温度を下げてもらっても構いません。その際、私は上着を一枚羽織れば良いのですから。

ですが、「暑いので、設定温度を下げて良いですか？」「寒いので、もう少し温度をあげても良いですか？」という一言を口にできず、私がいない間にこっそり温度を変えている人もいます。別に私は「嫌だ」とか「やめて」とか言わないのに、なぜ私に声をかけず、こっそり温度を下げるのだろうと、少し悲しい気持ちになります。

知恵を絞り、工夫して、生活を楽にする

介護は、する側が大変だと、受ける側もしんどくなります。ですから私は、自分のため、ヘルパーさんのために、介護が少しでも楽になるよう工夫を続けています。

たとえば、衣類のアレンジです。上衣やスカートはすべて前チャックにしていますし、トイレ介助のたびにショーツを脱がせたり履かせたりしなくて済むよう、マジックテープで前が開くようにしています。こうすると、ベッド上でトイレ介助をする際、寝返りを打たせる必要はありません。仰向けのまま差し込み便器を入れるだけで、簡単に介助できるのです。

私は本格的に洋裁を学び、何枚も洋服を作っていたので、そうしたアイデアはすぐに湧いてきます。そして、本当に幸運なことに、それを形にしてくれる裁縫上手なヘルパーさんもいます。私の服は、ほとんどその人が介護しやすい形にアレンジしてくれています。

また、筋ジストロフィーは進行していく病気ですから、以前は掴まり立ちができたのに、

数年でまったく立てなくなるという機能的な変化も起こります。すると介護の方法も変わるため、着脱しやすい服の形も変わってきます。さらに、体重も徐々に減っていくため、服が体型に合わなくなったりします。

そうした変化が起きても、お気に入りの服を着続けるためには、新たなアレンジを加えたり、サイズを小さくする工夫が必要です。どうすればできるのか。私は洋裁の知識を総動員して考え出し、ヘルパーさんにお願いして作ってもらっています。

他にも、使いやすいように取っ手をつけるなど、家具のアレンジも行っています。これも、大工仕事が得意な人に頼んで、どんどん進めています。また、家電量販店に勤めていた経験から電気製品に強い人もいます。そのため私の部屋には、ミシンや大工道具はもちろん、電気ドリルまで揃っています。

日常生活に直結する専門知識をもった人材が縁あって集まり、私の生活を支えてくれているのです。本当に不思議で、ありがたいことだと、いつも感謝しています。

ヘルパーさんからは「このアイデアで商売をしたら稼げるのでは？」と言ってもらえるくらい、私の生活には実用的な工夫が満ちています。家族介護をしている人が少しでも楽になるように、なんらかの形で情報発信できれば、と思っています。

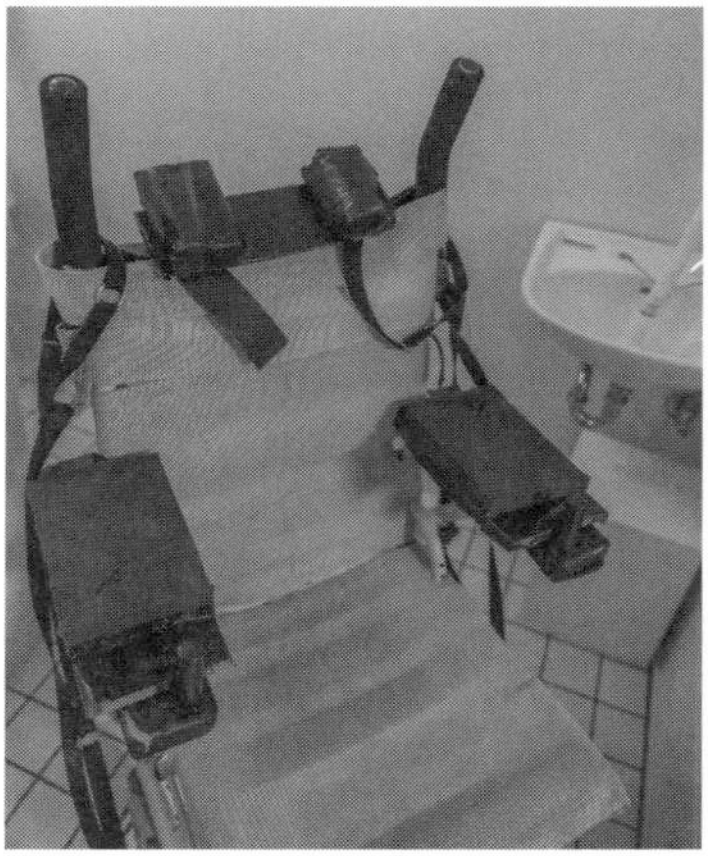
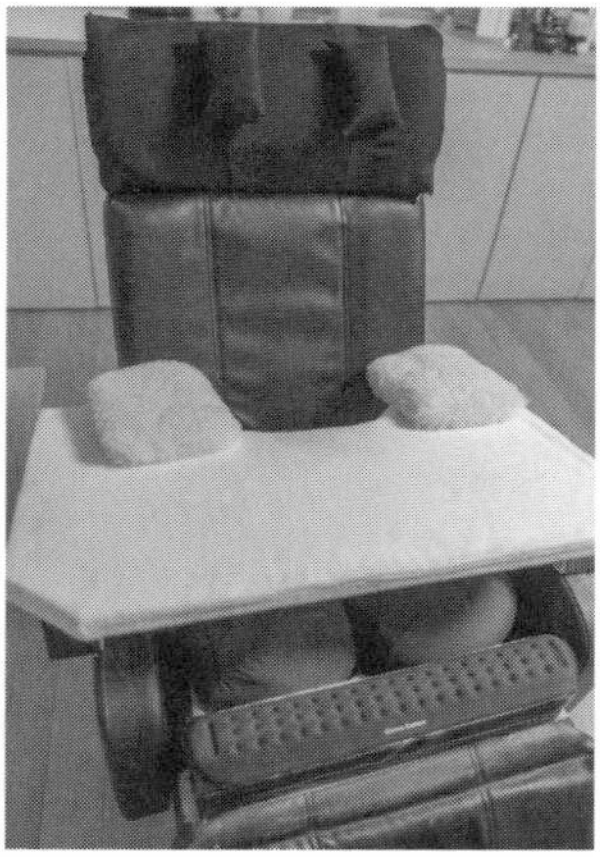

頭や手が安定するようにアレンジを加えた、入浴用のチェアと車椅子

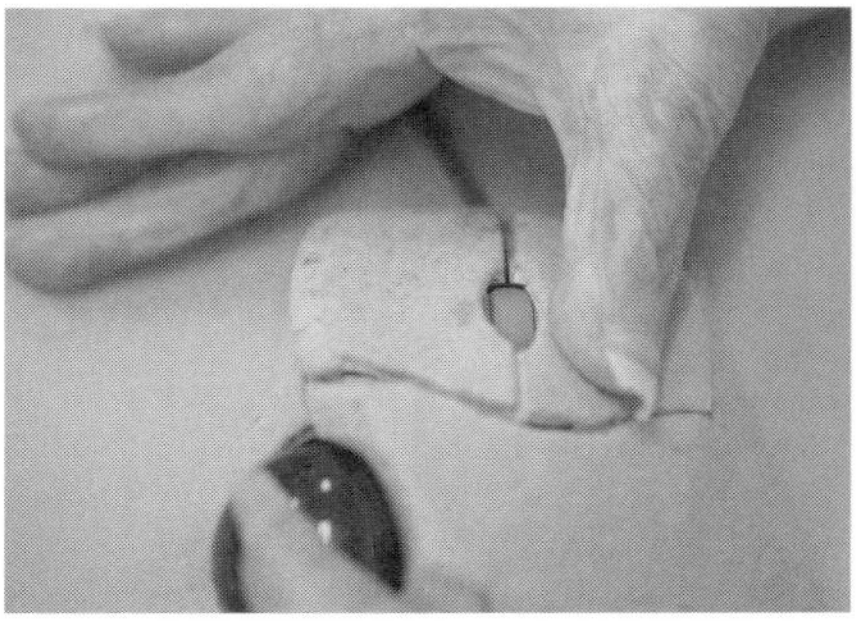

マウスには、指が滑り落ちないようにフェルトを貼っている

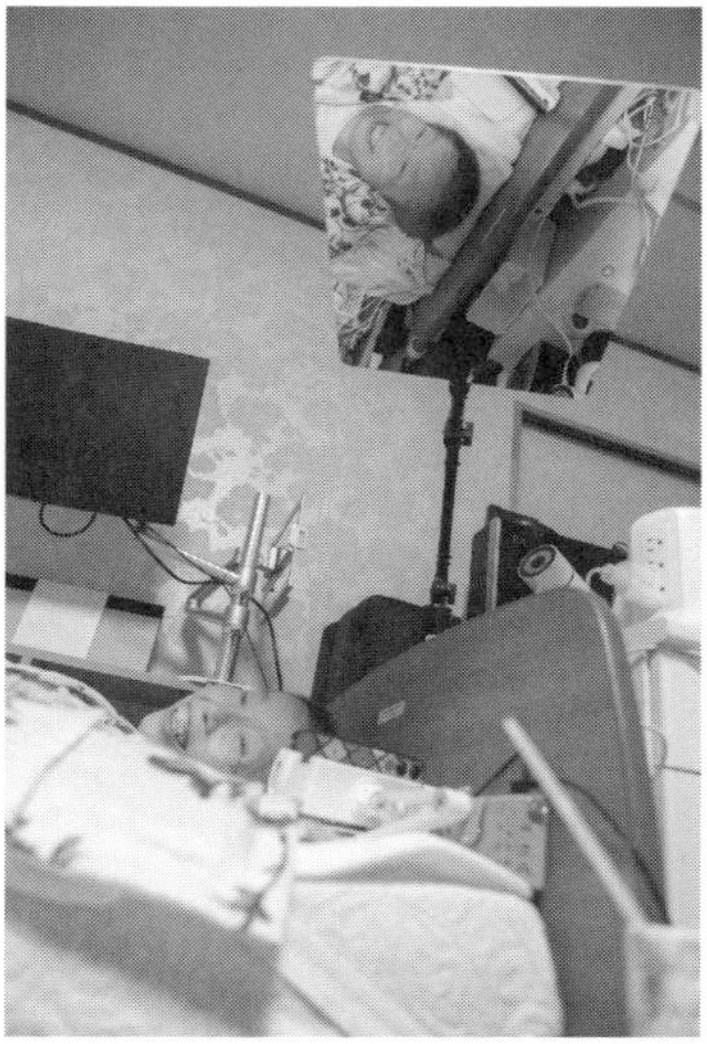

ベッドで横になっていても周囲のものがよく見えるよう、可動式の鏡を設置

障がい者が自立生活を送るために必要なこと

『えがお』の事務所は数年前に引越しをしたのですが、旧事務所の建物はそのまま残っています。浴室、トイレ、台所があり、エアコンやストーブなどの電化製品もそろっていることから、このまま遊ばせておくのはもったいないと思い、活用方法を検討しています。

いま候補にあがっているのは「社員寮」と「障がい者が自立訓練できる中間施設」の2案です。エレベーターと昇降機があるため、障がい者の人にも使ってもらえます。

他にも「シェアハウスとして学生ボランティアさんに提供する」というアイデアもあります。

どのように活用するのが一番有効か、関係者の皆さんと協議をしている最中です。

自立訓練の中間施設にする場合、推薦したいと思っていた障がい者の方がいます。リウマチと腎臓の病気のために体が不自由になり、介護と透析を受けながら過ごしている女性です。手が少し曲がっていますが、私から見れば、自立生活は十分可能です。

でも、私はまだ、彼女にこの場所の提供を、強く勧めることができずにいます。それは、彼女が「できない」と、口にするからです。

彼女は「手に力が入らなくて、受話器すら重くて持てないから、電話ができない」と言います。ですが、私は手を動かすことができなくても、電話ができます。スマートフォンに向かって「Hey, Siri」と呼びかければ、言葉で操作ができるからです。

「できない」と思ったときに「どうやったらできるのか」と前向きに方法を探して、実行する。成功したら、もっと「できること」を増やすために、他の方法をどんどん取り入れる努力をする。それを積み重ねることで、誰かに頼らなければ生きていけないヒロインではなく、一人の人間として社会の中で活躍できるのです。

後ろに引かず、気持ちを常に前向きに保つ努力をすること。これが自立生活を実現するための第一歩であり不可欠な要素であると、私は確信しています。

「どうしたらそこまで前向きになれるのか」とよく聞かれますが、それは、前向きにならざるを得ない状況に追い詰められたからです。

「自分でヘルパーを確保しなければ、自宅で生活できず、施設に入るしかない」と追い詰められたため、自分でヘルパー事業所を立ち上げました。

「お金がない！　仕事をして収入を得たいけれど働く場所がない」と困り果てたため、収入を得る仕事場を自分で創りました。

それは、誰かに言われて渋々決めたことではなく、追い詰められて、状況を打破するために自分で決めたことです。

人は、追い詰められなければ変わることができません。ですが、そのときはじめて、悔いのない決断ができるのです。

彼女を支援してくださっている方々にも「もう少し時間が必要だと思う」と伝えています。元看護師さんですから、きっと前向きな決断をしてくれると期待しています。

《中編　仕事編》

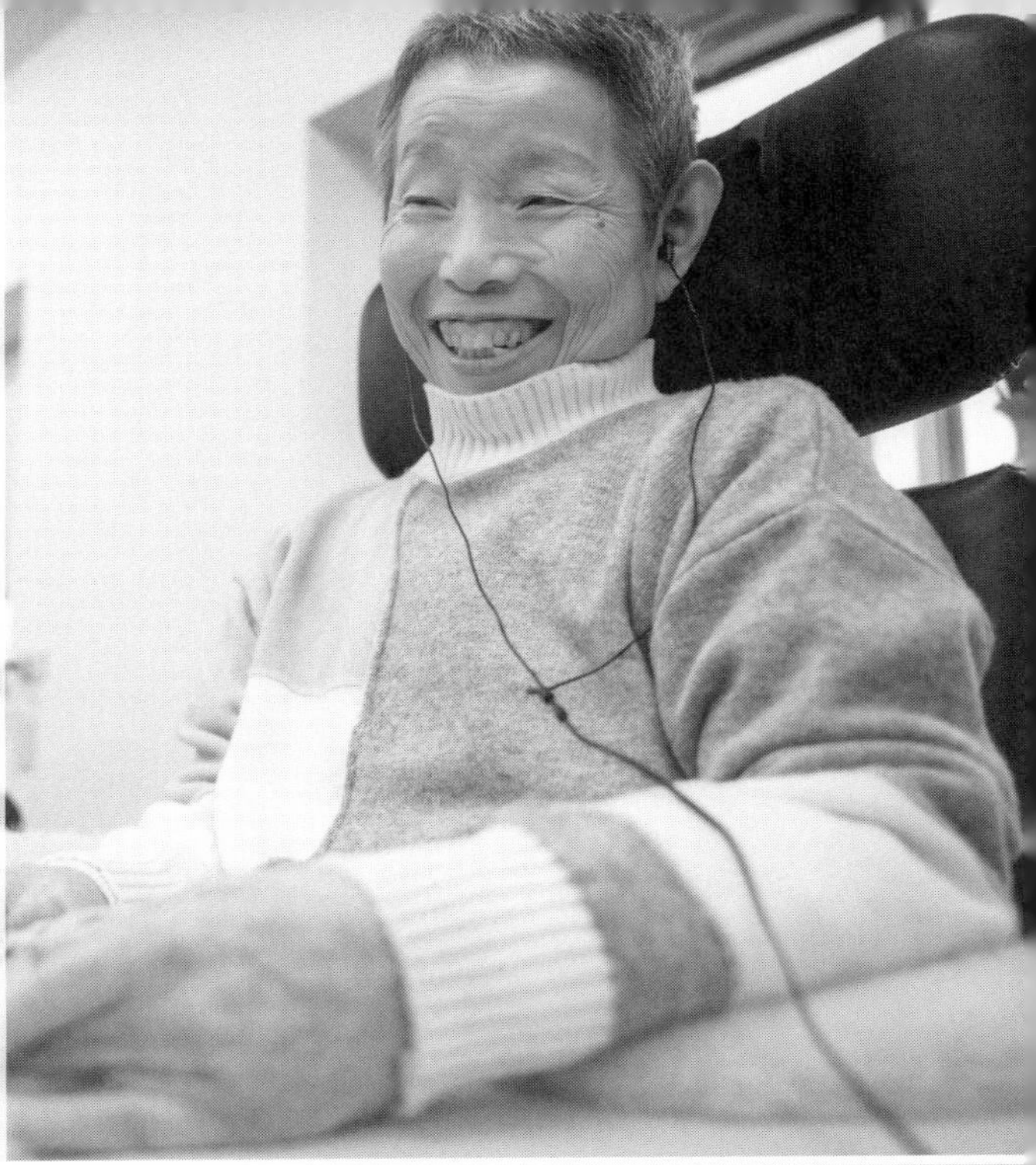

私はいま、指先しか自由に動かすことができませんが、それでも2つの事業を運営する組織のトップとして働いています。

最初は自分の介護サービスを確保するため、働いて収入を得るための活動でした。ですが、いまは多くの利用者さんの生活を支える100人以上の組織へと成長しました。

利用者さんの生活を守り、喜んでいただき、選ばれ続けるためには、時代の変化を正しく捉え、常に成長していかなければなりません。

私が普段から何を考え、どこを目指し、何に悩んでいるのか。

全てを文章にするのは困難ですが、できるかぎりお話ししたいと思います。

第4章　効果的な日常業務のすすめ方

十人十色な事務員たちとの仕事

毎朝、9時半までの1時間くらい、鳥取県のホームページで官報を確認したり、新聞の死亡欄の名前をチェックしたりして、情報収集をしています。自分で腕や手を動かすことはできませんが、指先はまだ動くので、トラックボールを用いて指でパソコンを操作しています。

Excel や Word を使って、ものを作ることもあります。『えがお』や『夢ハウス』のチラシは、私が Word でデザインし、知人が撮ってくれた写真などを配置して作ったものです。

私の体は力が入らないため、こんにゃくのようにフニャフニャして、安定しません。重心や手が正しい位置にあれば、文字や数字を打ち込んだり、データを確認したりできるのですが、少しでも体が動いてしまうと、姿勢が保てなくなったり、指先がトラックボールから離れてしまいます。

ですからその都度、事務員さんに姿勢を直してもらっています。ずっと同じ姿勢で座り続けていると体が痛くなるため、ときどき背もたれを倒してもらったり、起こしてもらったり、トラックボールを近づけてもらったりもします。喉が乾いてコーヒーを飲みたいときも、私は事務員さんに声をかけます。ですが、特定の人物ばかりに頼るのは良くないので、できるだけ満遍なく助けてもらえるよう、男女問わず声かけをしています。

すると、快く受けてくれる人、渋々受ける人など、態度はまちまちです。また、その違いは介助にも顕著に出ています。

私は喉がかなり変形しているため、正面から飲み物を口に入れると、鼻から出てしまいます。少し斜め前から、すーっと入れるのがコツです。

何回も説明しているのですが、私のそうした体の事情を汲み取れない事務員さんは、あまり考えずにストローを差したコップを私の口元に運んでくるため、「ちょっと下げて」「もっと左」などと、毎回指示しなければいけません。

一方、ちゃんと理解してくれている事務員さんは、私の作業や呼吸をよく観察し、良い

えがお株式会社
事務所の風景

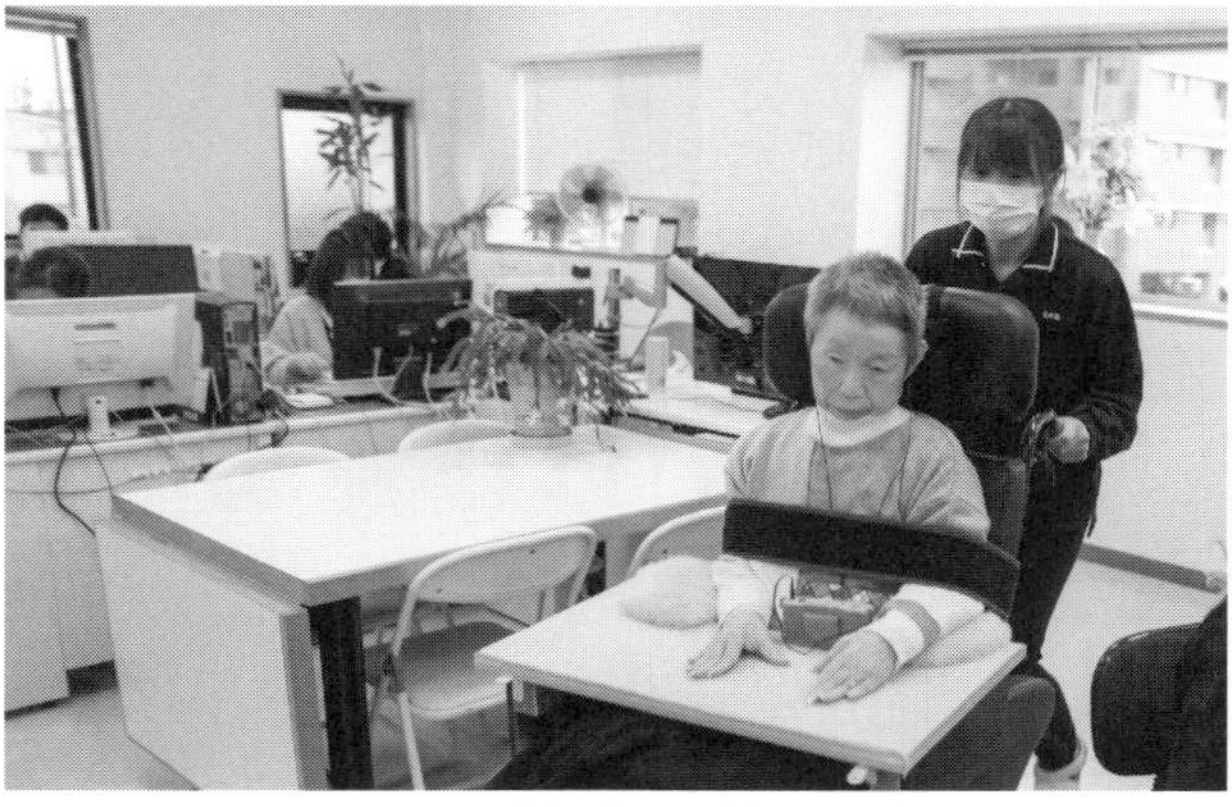

タイミングですっと差し出してくれます。さらに、誤嚥せずに飲み込めているかを確認し、私が力を緩めたときにストローをすっと抜いて「大丈夫ですね？」と声をかけて、私の返事を受け取ってから、側を離れていきます。

そんなふうに相手の体調や空気を細やかに感じ取れる人は、仕事もきちんとできます。私の介助を上手にできる人が「良い事務員」というわけではありません。そんな彼らと私が気持ち良く仕事をできる環境を作ることが、私の役目だと思っています。

制服で団結心を育む

さまざまな個性を持つ職員たちの団結心を育むため、『えがお』では、全員制服を着てもらっています。

ただし制服を作ったばかりのころは、なかなか着用してもらえませんでした。私がリードして、みんなに着させたのです。

何をしたかというと、まずは私自身が着て見せました。いくら口で「制服を着なさい」と言っても、着ないだろうと思ったからです。

体が動かない私にとって、ブラウスやベストを着るのは、かなり大変なことです。伸びない生地であれば尚更です。それはわかっていたので、どうすれば着やすくなるか考え、妙案が浮かびました。

「背中の部分をハサミで切って、チャックを付けて！」

これで、なんとか着れるようになりました。

その後、毎日きちんと制服を着て、仕事をしました。すると他の職員も、徐々に制服を着るようになりました。口だけではなく行動で示したことが効いたのです。

ただし、その後に問題が発生しました。

背中をチャックにしたことで、どうにかブラウスを着ることができるようにはなりましたが、やはり毎日は大変です。そこで、なるべく職員の皆さんと

介護員の制服。白いブラウスは事務員

同じになるよう、ブラウスの代わりに白いニットを着るようにしました。

すると、困ったことが起きました。

エアコンをガンガンに効かせた事務所内で、私一人がニットを着ているものですから、風邪をひきやすくなってしまったのです。ある冬は、風邪が悪化して、入院までしてしまいました。今は、鼻水が出るようになったらすぐにマスクをつける、電気膝掛けをかけて温めるなど、風邪を引かないように細心の注意を払っています。

人に「変わってもらう」のは、難しいことです。私がどれだけ努力して見せても、全員が福祉に向いた資質を持っているわけではないため、必ずしも期待した通りの変化をみせてくれるわけではありません。

それでも口先だけの指示に比べれば、自分から行動してみせることは大きな効果があります。絶対に自分がブレず、相手に言い続けることが大事なのです。

何歳の時だったか忘れましたが、親から言われて、今も心に残っている言葉があります。

「使う身になって働け。働く身になって使え」

親が自分の子どもに伝える内容としては、珍しい部類だと思います。どの時期に、どんな状況で言われたのかは忘れましたが、なぜか今、思い出される言葉です。

整理整頓とメモ

整理整頓をしなさい。メモを取りなさい。

私が一番うるさく言っているのは、この2つかもしれません。

整理整頓が身についている人の多くは、散らかっている光景を見ると、我慢できなくなってしまいます。私も、普段の整理整頓はもちろん、デスクを離れるときは書類を放置せず、きちんと片付けるように指導しています。

私の事務所の引き出しには仕切板がセットされていて、ものを置く位置が決まっています。私が「ここに入れておいて」と明確に伝えられなかったときは、その人の判断で適当なところにぽーん、ぐちゃぐちゃ、と置かれてしまうため、時折「これはここ」「これはこっち」と、整理してもらっています。

毎日使う書類や領収書、名刺などは、触ったあとは定位置に戻す。

新しいものが増えたときは、定位置を決めてそこに置く。

それだけのことなのですが、なぜか皆さん、苦労しています。でも、これからも頑張ってもらうつもりです。私は自分が動けなくても、毎日きっちり整理できているから、会社の運営もできているのだと思っています。

私は自分でメモをとることはできませんが、その代わりに「やるべきことリスト」をExcelで作っています。したいこと、やるべきこと、買いたいものなどを、重要度も含めて書き込んでいきます。終わって消したら、未処理のタスクが自動的にリストの上のほうにあがってくるので、漏れはありません。

さらに、どうしても忘れてはいけないことは付箋に書いて、いつも持ち歩いているバインダーに貼ってもらいます。

職員にも「メモをしなさい」と言って、全員に革のバインダーを渡しています。元気な人は「私は忘れない、大丈夫」という自信があるかもしれませんが、忙しくなったときはやるべきことが1つ2つ抜けてしまうことがありますし、報連相も忘れがちになります。そういうミスをなくすためにも、メモは大事です。

やるべきことを「見える化」させる

人間は、忘れる生き物です。メモをとっても、やるべきことを後回しにすれば、どんどん忘れてしまいます。私はいつも「今やるべきことは、すぐにやりなさい」と言っていますが、口で言うだけでは、それもすぐに忘れられてしまいます。

そこで「やるべきこと」を、社内の黒板に書かせるようにしました。

黒板は『えがお』と『夢ハウス』用に２つあり、それぞれに、私が入らなければいけない案件、責任者のスケジュール、副責任者のスケジュールを、分けて記録してもらっています。

また、会議室の予定も書き込ませています。

会議室は毎日使うものではないため、『えがお』と『夢ハウス』で共用していますが、ときどき、使用予定がかぶってしまうことがあります。そのたびに会議の日程や時間を調整し直すのは、時間の無駄です。

会議をすることが決まったら、会議室が空いているかどうかを確認してから、予定を入れる。たったそれだけの確認で、仕事がスムーズにできるようになるのです。

また、私個人のためのホワイトボードもあります。

私の介護は２４時間３６５日で(夜は学生ボランティアさんに担当してもらいますが)、大勢のヘルパーさんに支えてもらっています。食事や買い物、排泄、入浴など、やることは決まっていますが、夕飯の調理と食事介助のために来ても、必要な材料がうっかり切れたままになっていたら、作れません。

「小柴さん、牛乳がなくなりました」

「そう、昼に来る○○さんに言っておいてくれる？」

「わかりました」

このようなやりとりをしても、伝え忘れたり、聞いたのに記憶から抜けてしまうことがあります。それでは困るのです。

そうならないよう、「買わなければいけないもの」が発生したら、買い物担当のヘルパーさんが忘れないように、どんどんホワイトボードに書き込んでもらっています。

また、時間内に仕事が終わらないこともあります。「洗濯物を乾燥機に入れてください」「洗濯物を畳んでおいてください」など、次の人にお願いしたいことをホワイトボードに書いてもらい、次に来たヘルパーさんはそれを見てから仕事に入ってもらいます。そうすれば、伝達ミスや漏れを防ぐことができます。

中には面倒臭いのか「ここまでしなくても……」と感じるヘルパーさんもいます。ですが、やるべきことを忘れられて困るのは私であり、忘れてしまった人は怒られたり注意さ

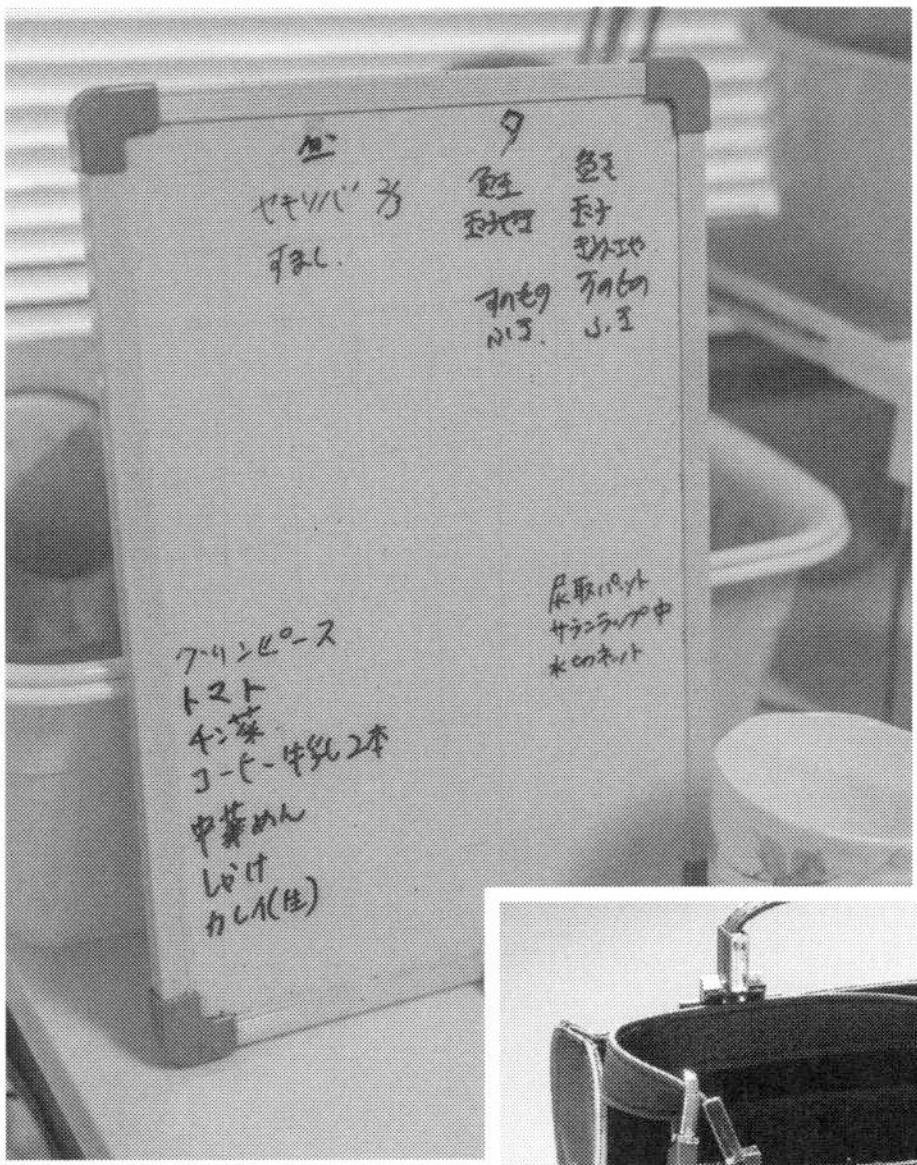

自宅のホワイトボード
ヘルパーが共有すべき
情報を見える化する

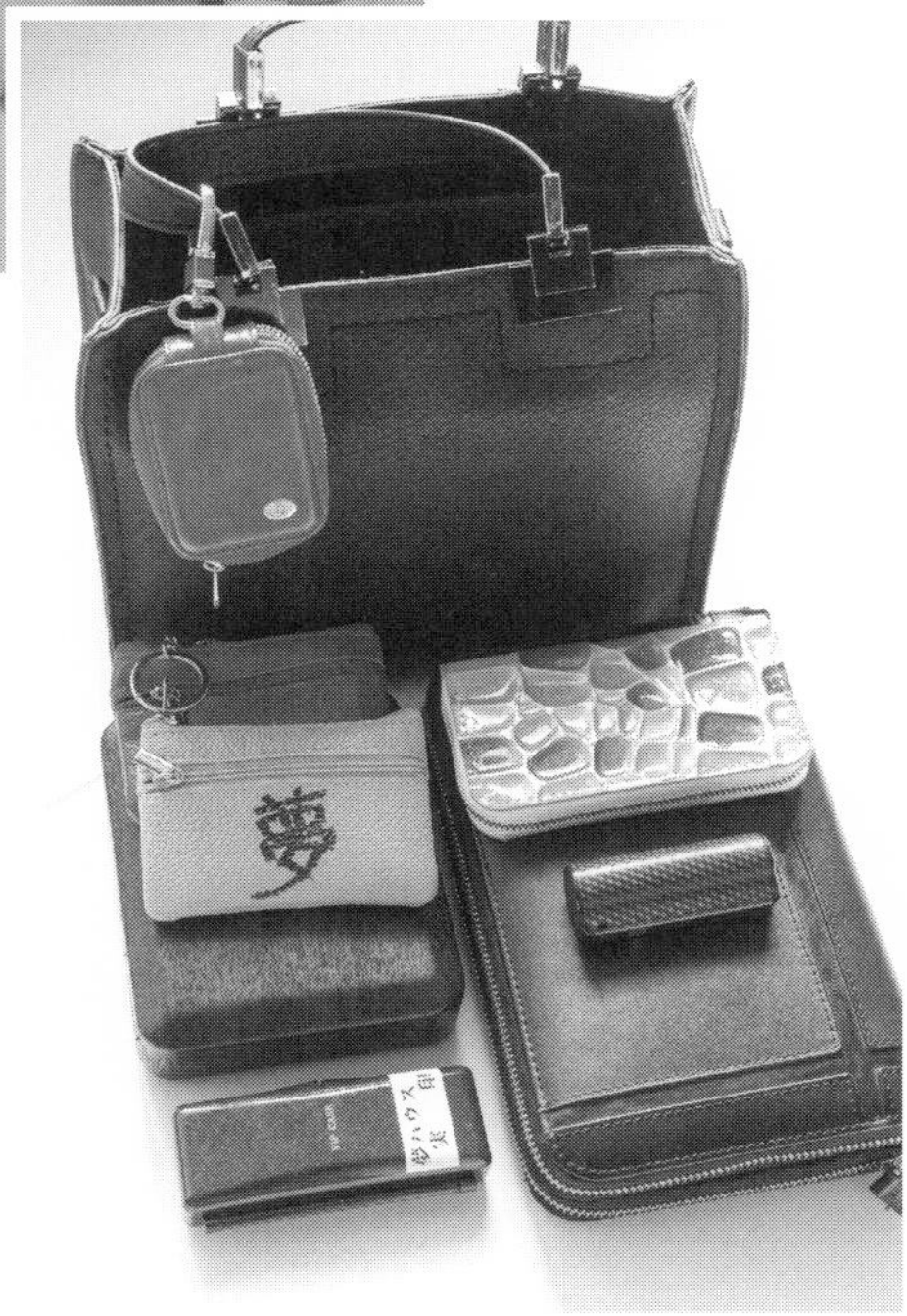

大切なものはすべて
どの場所に、
どのように置くか、
しっかり決めて記憶する

れて嫌な気持ちになります。それを「書く」という、ひと手間で防げるのですから、徹底してもらっています。

これは、過去に何回もの失敗があったため、「人間は忘れるもの」という前提に立ち、「失敗を繰り返さないための方法」として始めたことです。「忘れてた」「聞いていなかった」という失敗が減り、かなりいい効果が出ています。

机の上は常に片付けておく

私は病気を発症する前、大阪で事務員として働いていました。そのときに、上司からきつく言われていたことがあります。

「机の上に物を置いたまま帰らない」

「メモも挟まない」

私は決して、机の上を散らかしていたわけではありません。帳簿もそろばんもペンも、キレイに揃えて置いていました。それでも、昼食に出るときや、休憩してお茶を飲むためにデスクを離れるとき、「片付けてから行きなさい」と言われていました。今も、その習慣は残っています。

なぜ机の上をキレイにしておかなければならないのか。

デスクひとつ整理できないような人は、組織をまとめることもできないからです。

困ったことに、『夢ハウス』の管理者は「整理ができない人」です。

机の上にはいつも書類が積み上がっており、引き出しの中もモノがごちゃごちゃと詰まっていて、入りきらずに奥に落ちてしまっている状態でした。

書類は、大切なものとそうでないものを一緒に箱のなかに入れて、倉庫に積み上げてしまうため、どこにどの書類があるのか、本人にもわからなくなっていました。

売上は順調に伸びているのですが、そのような状態ではいつか必ず問題が起きます。2年くらい、ずっと「片付けなさい」「整理整頓しなさい」と言い続けましたが、行動する気配はまったくありませんでした。

私があまりに口うるさく言うので、ついに責任者の下にいる2番手の女性職員が、責任者の机を片付けてしまいました。しかし、それでは意味がありません（おまけに、片付けてくれたことへのお礼の一言もなかったそうです）。

仕方なく、書類の分類だけでも徹底させるため、次の2つを指示しました。

「ファイルは、ピンクと黒の二色しか買わない、使用しない」

「利用者の大切な情報はピンク、会計の重要書類は黒のファイルに綴じる」

これで、どの書類がどこにあるのかはある程度わかりますし、重要書類を担当者以外が間違って持ち歩かないように、注意できます。

またパソコン内のフォルダにもルールを課しました。

私は2つの事業所の会計を同時に見ることができるように設定しているのですが、他の職員が新しい会計データを作成するたびに、勝手に新しいフォルダを作ってどんどんデータを入れてしまうため、困っていたのです。

「悪いけど、通帳は1、賃金台帳は2と決まっているから、その通りにして、同じように並ぶようにセッティングして」と頼み、実行してもらいました。

忙しいときは、整理整頓や作業の効率化に使う時間はありません。しかし、非効率的な方法は、逆に貴重な時間をどんどん浪費してしまいます。そのため、日頃からの整理整頓、作業の効率化を徹底させることが、長い目で見ても大きな利益につながるのです。

会議の参加者全員に議事録を作らせる

同じ研修会に参加しても、何を見て、どこに神経を集中させていたのかは、一人ひとり異なります。

たとえば画像を見て理解した人と、文字を読んで理解した人と、話を聞いて理解した人とでは、それぞれに理解したポイントが少しずつ違うのではないか、と私は思っています。画像を見て理解した人は、文字で書かれた細かい部分までは把握していないかもしれません。逆に文字で理解した人は、細部の理解は完璧でも、全体像が見えていないかもしれません。

「しっかり伝えたつもり」であっても、理解のずれが起こるのは、このためです。

そのため人に何かを伝えるときは「口頭での説明」「図や写真などの画像」「資料の文字」がすべて一致するように、伝達しなければいけません。口で言うだけ、資料を渡すだけでは、相手に十分に伝わらないからです。

会議のときも、この３つは徹底させます。会議は、ともすると「参加する」だけで終わってしまうことがあります。話を聴きながらうんうんと頷き、資料にもさっと目を通すだけ。

これではまったく覚えられませんし、そもそも覚えようとする意欲も湧きません。

そこで会議が終わった後の議事録のようなものを、自分で作るように指示しています。

まとめを作らなければならないと思うと、会議中にぼーっとしているわけにはいきません。議題の内容はもちろん、出てきた意見もしっかり把握しておかなければ、資料は作れません。

意思の疎通と理解の共有。この二つを徹底的に意識するだけで、伝達ミスはもちろん、社内の意思統一も深まります。

「昨年と同じ」を認めない

長年勤めている職員さんの中には、私の指示を聞かずに、勝手に自分の判断で行動してしまう人がいます。

そのようなときに「どうして私の確認を取らずにやったの？」と聞くと、かなり高い確率で「去年はこうだったので、同じように進めました」と返事をします。

私は、そのような理由には納得しません。

「私は、今の話をしているの。去年と今年では、社会も、介護業界も、いろいろなことが変わっているのよ。事業もそれに合わせて変えていかないといけない。昨年と同じでいいと思わないで」

近年は、変化のスピードが前よりもはるかに早くなっています。最新情報をチェックしておかなければ、気づかないうちに社会から置いていかれてしまいます。

社内でも、職員や利用者が増えれば、場所が狭くなり、必要なものも増えていきます。その都度、倉庫を整理したり、物の配置を変更したりしなければいけません。

「前回どうだったか」ではなく「今回はどうするべきか」、常に新しい考えで取り組まなければなりません。

長い付き合いの職員さんであっても、いま何を考えているのかは、言葉にしなければ伝わりません。「自分の気持ちをわかってくれているはず」と甘えたり、「あの人はこう考えるはず」と勝手に決めつけてはいけないのです。

人の代弁は受け付けない

『えがお』では、障がい者の人たちが社会の中でいきいきと働けるよう、野菜の栽培、加工、販売に取り組んでいます。野菜を収穫したときは、利用者さんが購入することもできます。

ある日、利用者さんの一人が私に言いました。

「ちょっと、お願いごとがあります」

「なに？」

「野菜を社員が買うとき、社内割引はつきませんか？」

突然の申し出でしたが、なるほど、と思いました。

「そうねえ……、すぐには返事ができないから、ちょっと検討させて」

その場ではいったん保留にし、職員の意見を聞いて、２日後くらいに社内割引の許可をおろしました。たとえば１２０円の野菜を１００円で買えるようにしたのです。

すると、その利用者さんがすぐにやって来て、

「早速ありがとうございました。またお願いしたいことができたら言います」

と、嬉しそうにお礼を言ってくれました。

こんなふうに、自分の希望や要望を直接伝えてくれると、物事は比較的スムーズに進みます。

その利用者さんが、いつから社内割引について考えていたのかはわかりませんが、私に直接申し出るまで、少なくない時間を悩んでいたと思います。「安く買わせてほしい」というのは、人によっては、ずうずうしい意見だと思われる可能性があるからです。お礼を言いにきた時の笑顔を思い出すと、私が返事をするまでの２日間、密かに不安を募らせていたかもしれません。

言いたいことがあるにもかかわらず「こんなことを言ったら嫌われるんじゃないか」と、相手との関係悪化を恐れるあまり、他人を介して間接的に伝えようとする人がいますが、それは逆効果です。

私は絶対に「こんなふうに思っている人がいることを、それとなく伝えてほしい」といった代弁の依頼は受け付けませんし、「○○さんがこう言ってたよ」という代弁を聞かされたら「本人は直接言う気がないのか？」と疑問に思います。

誰かが間に入れば、その気持ちは、相手に正しく伝わりません。また、重みも薄れてしまうため、受け取る側もしっかり受け止めません。

言いたいこと、言うべきことは、本人に直接伝える。

それがコミュニケーションの基本です。

事業がここまで大きくなったのは、「会社を大きくしよう」と考えていたわけではなく、自分の気持ちを素直に表現して、思いを伝え続けた結果だと思っています。

きつく怒らない

言ったことをやらなかったり、ミスをしたときに注意することはありますが、私は滅多にカミナリを落としません。なぜなら、職員が次の日から来てくれなくなるくらい、鋭い言葉で相手を傷つけてしまうからです。そうしたら、会社は終わりです。

言いたいことはあります。でも、激情のままカミナリを落としても、良い結果にはなりません。それがわかっているので、辛抱して、できるだけやんわりと注意するよう心がけています。

知らなかった。できなかった。できない。

そうであれば、言ってほしいと思っています。

もちろん「できない」では済まされないこともあります。そのときは、できるように努力をしてもらったり、別の人にフォローに入ってもらうなど、前向きにやり方を検討していきます。そのほうが「できないのに……」「無理なのに……」と、後ろ向きにどうにかやりすごそうと悩むよりも、心身ともに楽になると思います。

最近落としてしまったカミナリは、ある職員に失礼なことを言われて、

「私はお荷物じゃない！」

と、叫んでしまったときです。

おそらく他の職員も、内心どきっとしたと思います。心のどこかで「理事長は重度の障がい者だから、いちいち確認をとらなくてもいいだろう」とか、「私がやってあげるべきだ」という思いを抱いているのではないでしょうか。その気持ちが強くなりすぎると、私に対して間違った思いや言葉を向けてしまうのだと思います。

その思いや言葉が善意に基づくものであったとしても、私にとってそれが受け入れがたい内容だったので、思わず叫んでしまいました。そのように思われていると感じても、それまではじっと堪えて、耐えてきたのですが、限界だったのかもしれません。

飾り物のトップではなく、「小柴の下で働けてよかった」と思ってもらえる人間になることが、私の目標です。

無理なら環境を整える

注意しているのに直らない、「できているつもり」の人もいます。

たとえば、私の食事を作ってくれるヘルパーさんに「味をもう少しだけ薄くして」と言ったところ、かなりの薄味になってしまったことがあります。「もう少し濃くして」と言うと、今度はかなり塩辛い味になり、何度か注意しましたが、その極端さは直りませんでした。本人は「わかっているつもり」で、「多分こうだろう」と思ってやっているのでしょうが、それではダメなのです。

そのうち、この人は微妙なさじ加減が苦手なのだと理解しました。これ以上しつこく言うのは、私も相手も疲れるだけだと判断し、その人には調理ではなく買い物や掃除をしてもらうことにしました。本人ではなく、環境を変える方向にシフトしたのです。

ヘルパーは必ずしも、家事と介護をパーフェクトにできるわけではありません。誰でも得手不得手がありますから、その人に合う仕事をしてもらうのが一番です。介護の技術はずば抜けているのに、その他のことは大雑把で、やるべきことを忘れがちな人もいます。その場合は、介護技術はまだ未熟だけど、几帳面で仕事をキッチリやってくれる人を前後の時間帯に入れて、フォローしてもらいます。そうやって回していくうちに、お互いの得意なことや苦手なことを理解し、それぞれが自分の役割を認識できるようになっていくのです。

ただし、介護職としての自覚、命と生活を預かる仕事であるという視点が欠けている人物には、しっかりと認識を変えてもらうよう指導します。

たとえば、私の介助には気をつけるべき点がたくさんあります。私は自身の安全を確保するために、何度も「気をつけてね」「注意してね」と言いますが、私の介護ができることが絶対条件ではありません。ですから「無理」であっても、問題ありません。軽度の利用者さんの介護を問題なくこなせるのであれば、そちらを担当してもらえばいいからです。

しかし、「無理」の理由が技術不足ではなく、「ややこしい、面倒臭い」「楽に仕事したい」という理由であれば、介護職としては失格です。その考えを改めない限り、働いてもらうことはできません。

2割の余裕を残す

現在、私も責任者たちも、スケジュールが満杯になって余裕がないくらい忙しくしています。事業が伸びている間は、あまり苦になりません。働けば働くほど成果が出て、毎日達成感を味わえるなんて、とても嬉しいことです。

しかし、それはいい状態とは言えません。業務は8割の力で行い、常に2割の余力を残しておくべきです。

全力で仕事をしている時は、冷静に何かを見直したり、気づいたりすることができません。スケジュールを隙間なく詰めてしまったら、大切な情報を共有する時間も、その情報について話し合う時間も、確保することができません。

当たり前のことですが、仕事は、一人でするものではありません。

部下や関係者、協力してくれる人たちと手を取り合って、それぞれの視点で考えたことや感じたこと、行ったことを共有しながら進めていくものです。決して、自分が計画したことや見聞きしたこと、自分が行動した結果のみで成立するような、単純なものではありません。

それは、私自身の人生が証明しています。

私は手も足も自力では動かせないため、人に助けてもらいながら進んできました。多くの人の知恵や技術を借りて、一生懸命考え、知識と経験を積み上げてきたからこそ、１８年も成長を続ける強い事業所を作ることができたのです。

健康で元気もあって、何もかもが思い通りに進んでいると感じている間は、一人で突っ走っても問題ないと錯覚してしまいます。問題ないと感じているのは自分だけかもしれないのに、仕事に集中しすぎて周囲に目が向かないから、気づけないのです。

だから、私は病気になって良かった、こんなに勉強する機会をもらえて、意識を変えることができて良かった、と思っています。もし、病気をすることなく商売人として金儲けだけを目的に生きていたら、自分はどのような人間になっていたのだろう……そう考えると、背筋が寒くなります。

学生ボランティアさんにも、同じようなことを言っています。

まずは、スケジュールをたてること。１日のスケジュール、１週間のスケジュール、１カ月のスケジュール。ただし、２割は空白にしておくように、と。

たとえば1週間のスケジュールであれば、月曜日から金曜日は、しっかり埋めても構いません。土曜日と日曜日は空けておいて、平日に消化しきれなかったタスクを土曜日に処理するようにする。日曜日は、1週間の反省をしたり、将来に向けてやるべきことを見直したりする時間にあてるなど、何事も余裕を持って進んでいくことが大事です。

自分自身の弱点や脆さを認識する余裕がなければ、いつか必ず壁にぶつかってしまいます。壁が目の前に現れる前に、顔を上げて、周囲を見渡して、危機を予測して備えるための時間が必要なのです。

ヘルパー業務も8割で、十分な余裕を持つ

訪問介護に行くヘルパーさんにも、私は「仕事は8割で済ませて、常に2割の余裕を残しなさい」と言っています。余裕がなければ、利用者さんの心に寄り添うことができないからです。

介護サービスは、まずケアマネージャーが利用者さんのケアプランを作成し、ヘルパーはそのプランに沿って実行していきます。たとえば、ある利用者さんに対して、40分間

で部屋の掃除とトイレ介助をしなければいけないとします。

もし、その部屋が何カ月も掃除をしていない状態で、ヘルパーさんが「これはひどい、きれいにしてあげなければ」と、時計を見るのも忘れて全力で掃除をしてしまったら、どうなるでしょうか。

部屋はきれいになるかもしれませんが、トイレ介助を行う時間がなくなってしまいます。仮に5分前に気づいたとしても、慌ててトイレ介助をしようとしたなら、焦りからミスが生じて、事故発生のリスクが高くなります。失敗せずできたとしても、利用者さん本人のペースに合わせた介助ではなくなるでしょう。

真面目に利用者さんのためを思って、一生懸命に仕事をするのはいいことです。自分が楽をしたいからと小手先で済ませようとするより、ずっと良いです。

ですが、真面目なだけではダメです。「忙しい」「間に合わせないと」と必死になるばかりで、ケアプランに書かれた業務だけを機械的にこなされても、利用者さんは嬉しくありません。

「この人が今日来てくれて、よかった」

「短い時間だけど、楽しかった」

そう感じてもらえる介護をするためにも、先ほど述べたように、残り１０分くらいは利用者さんと落ち着いてお話ができるよう、時計を見ながら上手に、計画的に進めていく必要があります。

今やっている仕事の「次の仕事」のことを常に念頭に起き、焦らず安全に、利用者さんが喜ぶ介護を行う。

そのためには、工夫が必要です。知恵を絞ってその工夫を見つけることができれば、毎回最後の１０分間は楽な気持ちになり、優しい気持ちで利用者さんに接することができるはずです。もちろん、その際は自分の話をするのではなく、利用者さんのお話を聞いたり、質問があればお答えするなどして、信頼関係を深めていくことが大事です。

最初は上手くできなくても、できなかったことを素直に認め、どうしたらできるようになるのか考え、相談し、できそうな方法を見つけて取り組む。それを繰り返していけば、必ず成長できます。

すぐに辞めてしまうヘルパーもたまにいますが、当社のヘルパーの半分以上は、１０年以上働き続けてくれています。

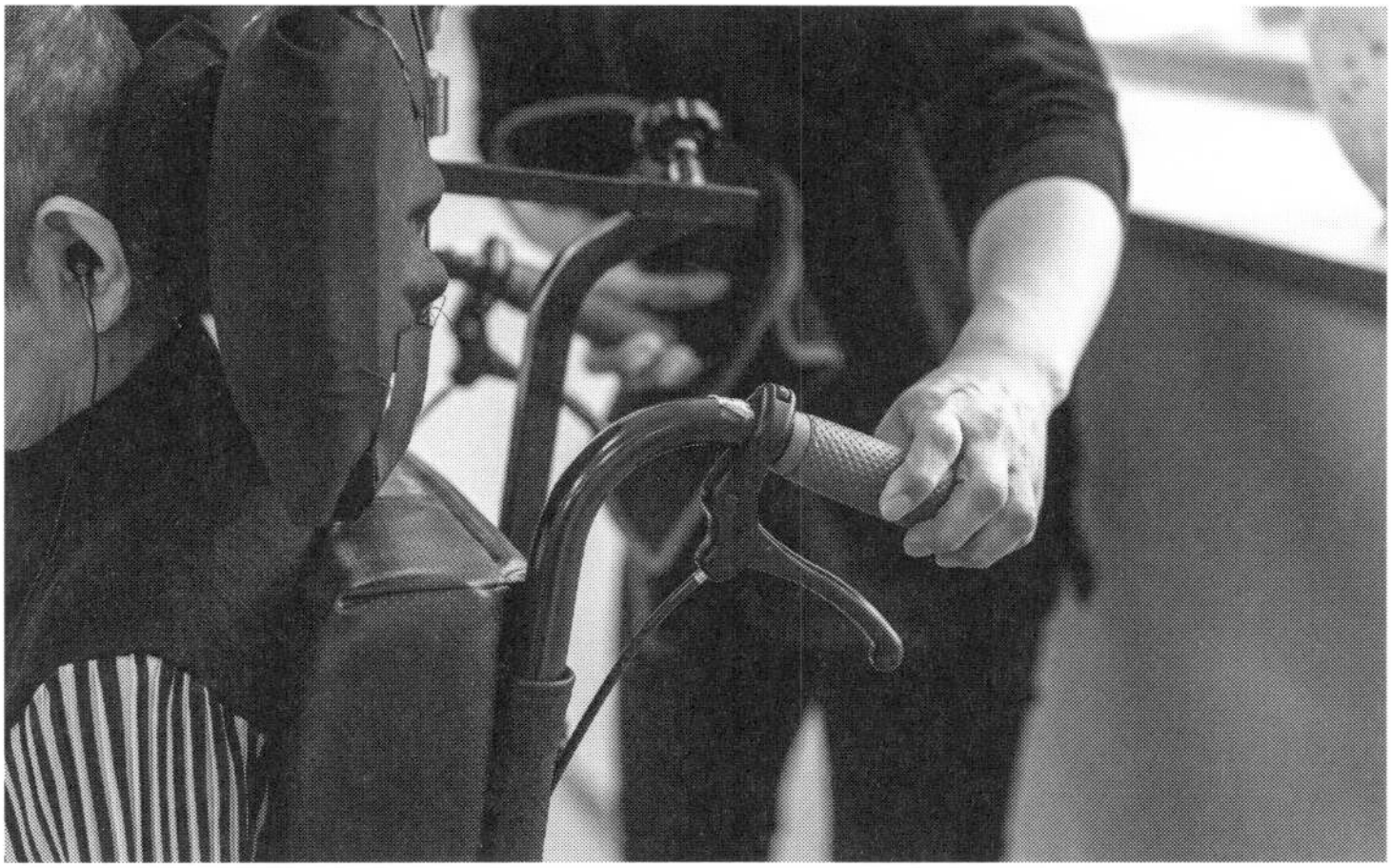

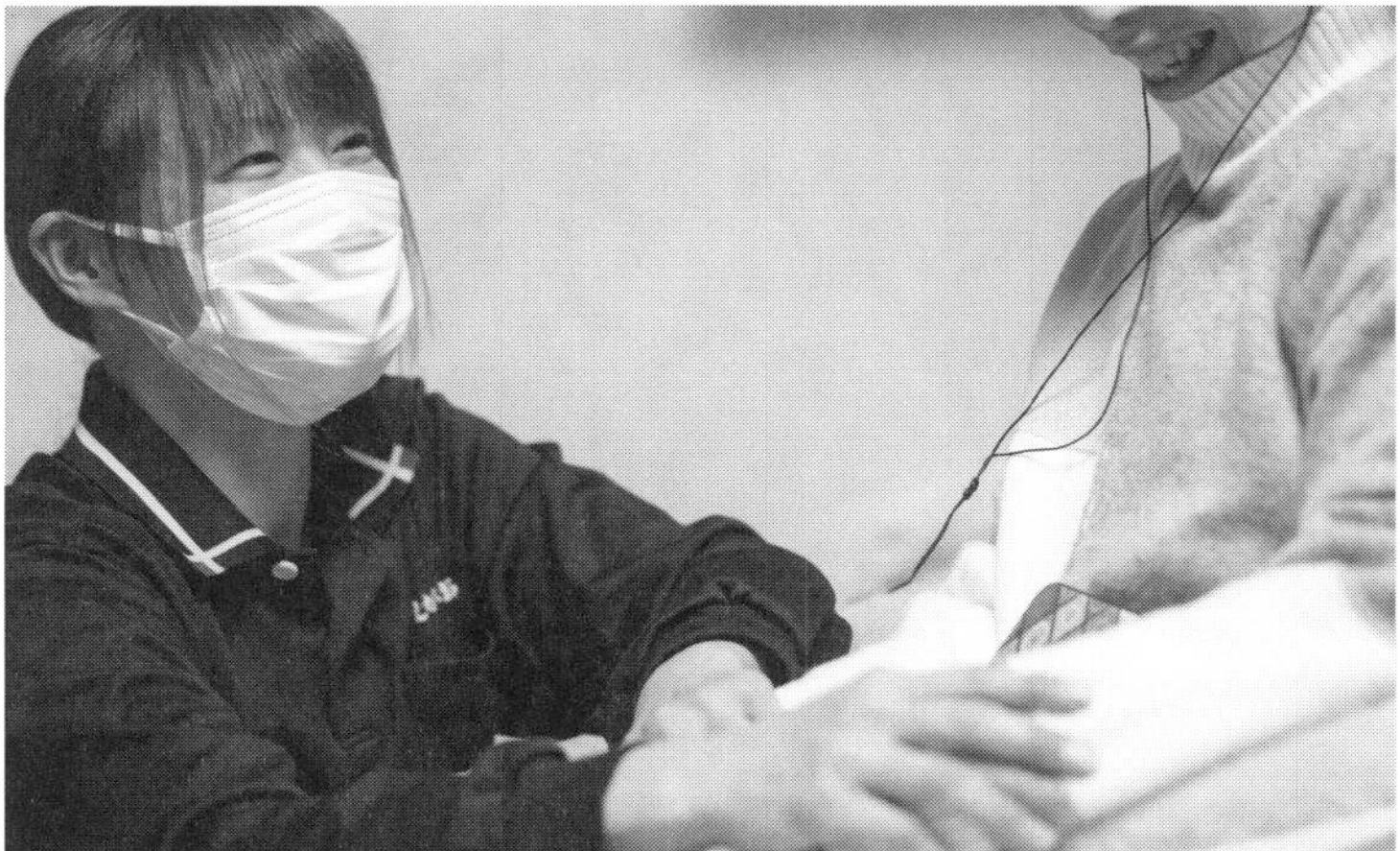

良い介護は、相手の気持ちに寄り添う“余裕”がなければ難しい

まっすぐに。

裏表なしに。

すべてをオープンに。

それが大事なのだと、何度も話してきました。長く続けている職員ほど、繰り返し聞いてくれました。本当に感謝しています。

効率的なシフトを心がける

今の時間帯に誰がどこの介護に入っているか、私はExcelですぐに確認することができますし、その日の予定はだいたい把握しています。

残念なことですが、いまのヘルパーのシフトには、多くの無駄があると言わざるを得ません。たとえば、同じ日の午前中に5件以上の訪問先が入っていたなら、担当のヘルパーさんにそれぞれどのような順番で訪問してもらったら移動時間が少なく済むのか、どのルートを誰に担当してもらえば公用車を効率的に使えるのか、そこまで考えてシフトを組まなければ「空いてる車がない」という事態が発生し、職員の自家用車で移動することになってしまいます。

利用者が私一人のときは、移動時間はゼロ、毎日決まった時間に介護サービスを入れるだけだったので、楽でした。その後、他の利用者さんの介護も始めましたが、人数が少ない頃はそれほど難しくありませんでした。事業が成長し、利用者が増えるとともに、考えるべきことも増えていったのです。

また、数として利用者が増えたとしても、単純に収入増とはなりません。当たり前ですが1日1時間未満といった短時間では報酬が低く、かといって1回の利用で1時間以上の長時間になれば、逆に時間あたりの単価が低くなってしまいます。

そのため、移動を含めてロスを極力抑えた状態になるよう、シフトを組む必要がありま す。これがうまくいかないと「すごく忙しいのに、給料がぜんぜん増えない」という事態になり、職員のモチベーションの低下や、心身の健康にも悪影響が出てしまいます。

余談ですが、介護報酬は現在、さまざまな処遇手当が加算されています。タイムカードを元にした基本給は事務員が計算していますが、この手当の配分については、規定に該当する職員に対して、会社の方針で評価して支払っています。

これまでは介護職員のみが対象でしたが、２０２２年から職場の裁量で介護職員以外も対象にできるようになりました。介護福祉士の資格の有無、勤続年数１０年以上といった、条件に合致する一部の職員のみ手当が増えていくのではなく、今後は事業所を支えるすべての職員の給与が平等に改善されていくのではと期待しています。

第5章　事業拡大のために努力すべきこと

最新情報をチェックする

組織のトップに立てば、銀行や行政の職員、知事や副知事、企業の社長などと交渉をする機会があります。そのとき、しっかりと自分の意見を持ち、相手にこちらの要望を伝え、理解を促す力が求められます。

そのベースとなるのは、情報です。

日頃から広い視野で物事を捉え、固定観念をなくし、より多くの情報を手に入れる。そうして初めて、課題を正確に把握し、正当な要望であるという説明ができるようになるのです。

私は毎朝、鳥取県と鳥取市のホームページにアクセスして、広報をすべてチェックしています。また、その分野で有名な人物のブログもチェックしています。

ニュースも確認しています。世の中で起きていることを知らずに、行政の人と話をすることなどできません。

さらに、インターネットで『プレジデント』も端から端まで読んでいます。

政治のことや経済のこと、社会で話題になっているスキルのこと、キャリアのことなどを読みながら、今の時代に、自分に足りないものは何かを考え、記事から少しでも知恵をもらえるように努力しています。

『えがお』と『夢ハウス』の責任者にも、社会や世界の最新情報をチェックするように言っているのですが、重要性が伝わっていないのか、実行に移していません。

たとえば『夢ハウス』に防犯カメラを導入すると決めたとき、責任者は「そんな必要はないでしょう」と反対しました。しかし、私は施設の規模が大きくなった以上、安全強化は絶対に必要だと考えたため、利用者に丁寧に説明して同意を得た後、設置しました。

そのすぐ後、あの相模原障害者施設の殺傷事件が起こりました。

犯人に対する強い憤りはもちろんありましたが、同時に「カメラを設置しておいてよかった」と、心底思いました。何かが起きた時、約1カ月分まで遡ってチェックできるからです。私が生活している部屋にもモニターを設置し、観察ができるようにしています。

職員を疑っているというわけではなく、これから社会の風潮として、福祉施設内の安全管理が厳しく問われるようになります。施設の責任者は、そうした社会的責任の変化にも敏感でなければなりません。今後、情報はますます価値を持つようになるため、情報収集が習慣になるよう、しっかり指導していくつもりです。

事業を見直す、考える

障がいがあっても働き、社会に貢献して対価を得る。社会と繫がり、生きがいと楽しみを持って、自立した生活を送る。そのために『えがお』では、野菜とこんにゃく作り、『夢ハウス』ではテープ起こしや軽作業を行っています。いつも頑張って作業をしてくださるので、私も常に「もうちょっといい仕事はないかな」と、考えをめぐらせています。

実は、農業は天候に左右されやすく、販売できない形や大きさになってしまう商品が必ず出てしまうため、安定した収入を得ることが困難です。仮に、昨年と同じ数くらいの野菜を売り出すことができたとしても、昨年と同程度の売上を得られるわけではありません。不確定要素が多く、栽培を始めてから収穫、販売までの期間が長いという弱点もあります。

だからといって「農業がダメ」というわけではありません。野菜は毎日食べるものですから、顧客は確実に存在します。さまざまな不確定要素を踏まえた上で、具体的な数字が入った報告書を作成し、そのデータをみんなで検証し、改善点を洗い出して、収入が安定するための努力や工夫が必要なのです。

『夢ハウス』の作業の多くは、行政からの依頼です。鳥取には企業が少ないため、行政に絡んだ仕事を獲得することが重要です。

ですが、こちらから何も言わず、仕事が与えられるのを待っているだけではいけません。「いま地域にはこのような課題があり、こういう解決方法があります。うちでやらせてもらえたら、この予算でできますが、いかがでしょうか」と、しっかりした企画書を作成し、見積りを含めて具体性のあるプレゼンができれば、一考してくれるはずです。

さらには、いつまでも行政頼みではなく、自主事業を立ち上げて、安定収入へと繋げなければいけません。どの業種の、どのような商品またはサービスであれば安定した収入が得られるのか。多方面から情報を仕入れて、精査し、確実な事業計画へと練り上げていく

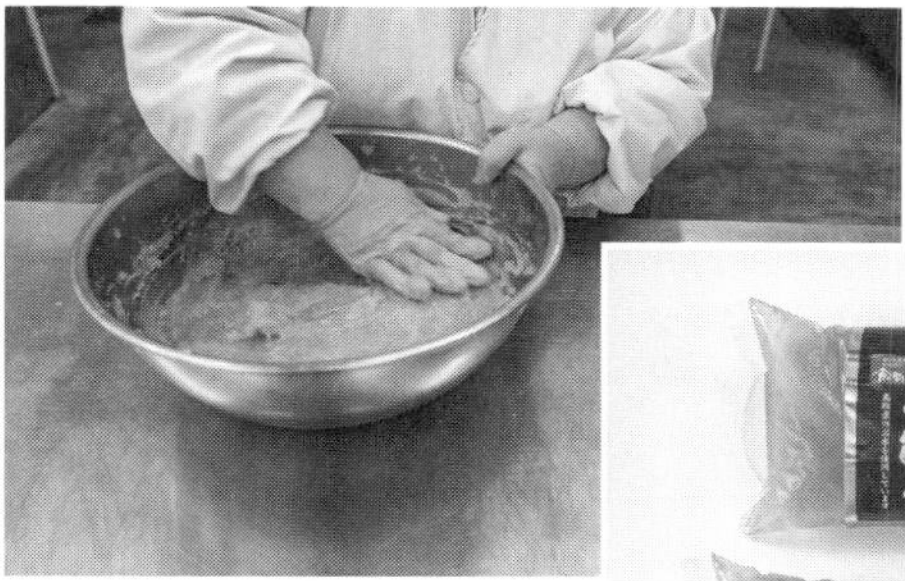

『えがお』の
手作りこんにゃくと
野菜作り

必要があります。

以前、ある職員がＰＰバンドで編み込みのカバンを作り、販売したことがありました。しかし、私はすぐにやめさせました。

その当時、障がい者の授産製品としてＰＰバンドのカバンは目にすることが多く、作り方も簡単だったため、売れると思ったのでしょう。ですが、他の作業所も作っているのであれば、お客さんは必ず安い商品を選びます。価格を下げなければ売れない商品は、利益になりません。

別の職員が、海岸に流れ着いたゴミを集めてアクセサリー等に加工する団体があるという話を聞き、「うちでもやりましょう！」と声を上げたこともありました。それも、却下しました。

海岸をきれいに掃除して、そのゴミを再利用する。素晴らしい活動ですし、個人的にボランティアとして行うなら問題ありません。ですが、経費がかかる上に、売れるような加工品が作れる確証もないため、利用者さんに工賃を支払うB型事業所がやることではないと判断しました。

いずれにせよ、人口１５万人の鳥取市内という小さなエリアで活動しても、大きな成功

『夢ハウス』の
軽作業

は望めません。インターネットが普及した情報社会なのですから、視点を大きく変える必要があります。

たとえば、野菜やこんにゃくの商品としての質を上げて、オンラインショップで全国に販売する。その体制を整えるために行政にバックアップを依頼するなど、やれることはまだまだあるはずです。

ただし、アイデアがあっても一人で勝手に進めてしまっては、決して良い結果は出ません。みんなで知恵を出し合い、「いいですね、やりましょう！」「いい仕事にしましょう！」と、一丸となって取り組む体制を作らなければいけません。

伸びる事業と伸びない事業

『えがお』と『夢ハウス』という小さな組織の中でも、伸びる事業と伸びない事業は明確に分かれています。

その差は、何が原因なのか。どこから生まれるのか。

私は、主に2つの原因があると考えています。

一つ目は「報告・連絡・相談」の差です。

伸びない事業では、責任者がすべて自分の頭の中で決めてしまい、一人で行動しようとしています。もちろん上手くいかないため、その事後報告だけをしてきます。

伸びる事業の責任者は、報連相がしっかりしています。こまめな報告があれば、問題点を指摘することで失敗を回避できます。連絡が行き届いていれば連携が深まってミスが減り、問題が発生した時もみんなに相談すれば、速やかに解決へと近づきます。

報告・連絡・相談は基本中の基本ですが、これがきちんとできているかどうかは、大きな違いを生むと考えています。

二つ目は、部下への思いやりです。

報連相がしっかりしていても、部下の心が離れていては、どこかで躓いてしまいます。たとえば、とても頭の回転が早い賢い上司であっても、部下一人ひとりの個性や価値観を知ろうとせず、自分の指示通りに動くことだけを求める人物であれば、どれほど事業が好調でも、不満は溜まっていきます。

「自分は部下を大切にしている」と口で言っても、部下は自分たちが駒扱いされていること、上司が自分のルールの中でしか判断や評価をしていないことを感じ取っています。

そのため私は、責任者に「部下と腹を割って話しなさい」と言っています。自分がどう思っているかを伝え、部下の意見にも耳を傾ける。それが自分と異なる価値観や方針であったとしても、まずは取り入れて動いてみる。すると、予想外の結果から固定観念が崩れて、視野が広がるかもしれません。

自分のルールにとらわれてはいけません。事業に携わる全員が「面白い」「楽しい」と思えなければ、継続的な成長はできないのです。

「介護はサービスである」と認識する

ホテルや旅館の職員は、お客様への良質なサービス提供を第一としています。そのサービスが心地よいと思ったら「またこのホテルに泊まりたい」「またこの旅館に来よう」と思うでしょう。

介護の仕事も同じです。「この人に、また介護をしてもらいたい」と思ってもらえるようなサービスを提供しなければなりません。そのために最も大事なことは、コミュニケーションです。

明るく大きな声で挨拶をするのはもちろん「介護をする」ではなく「数ある事業所の中から選んでいただき、介護サービスを提供させていただく」という感謝の気持ちで接すること。早く終わらせたいとか、しんどいからやりたくないといった「自分優先」になると、黙々と作業をこなすだけの介護になりますが、利用者さんの希望を第一とする「利用者さん優先」で取り組めば、自然と適切な声かけや、会話が生まれるはずです。

また、利用者さんから苦情があったときは、利用者さんと同じ目線に立って、できるかぎりの対応をしなければなりません。

介護が社会化した現在では、以前よりも良い介護サービスが要求されるようになりました。苦情を言えずにガマンしている利用者さんはまだ大勢いると思いますが、しっかりと自分の要求を口にされる方が徐々に増えています。そのような苦情があったとき、どのような対応をするかで、介護という仕事に対するサービス責任者の姿勢も見えてきます。

もちろん、実際に難しいケースはあります。精神疾患や、それ以外の病気が原因で、一般常識とは異なる考えや価値観を持った利用者さんもいます。しかし私たちは、利用者さんのそうした考えに対して「それは間違っています」とは言えませんし、仮に言っても本人は納得しないでしょう。

なぜか私の会社には、困難ケースが多く入ってきます。刑務所から出所してきた障がい者の方の自立訓練も受け入れているため、対応する職員は資格を持っているだけではなく、さまざまな知識を身につけてもらう必要があります。

そのような利用者さんに対して、どのヘルパーさんを担当にして、どのように接し、介護をしていくべきか。サービス責任者は慎重に判断し、調整していかなければなりません。そこまでの力を持った人材を育てることが、今後、介護業界で生き残っていくためには不可欠だと思っています。

第6章　優秀な人材の確保と育成

優れた人材とは

ある年、ひじょうに優秀な女性が一人『夢ハウス』に入社してきました。「就職先がこの会社で、本当にいいの？」とドキドキしましたが、本人に「実際に勤めてみて、どうですか？」と尋ねたところ、

「楽しいです。利用者さんはみなさん優しいですし、テープ起こしのとき、自分には意味がわからない方言が出てきたときも、教えてもらっています。内容も行政の話なので、興味深いです」「初めてのことばかりで、大変なこともありますが、楽しんでやっています」

このような返事をもらえて、安心しました。仕事をしている時に「楽しい」という言葉がでれば、その人は続けられるからです。

彼女に事務作業をお願いするときも、私の指示を素直に受け止めて、その通りに動いて

くれます。そのため安心して頼むことができますし、信頼できます。

コミュニケーションも問題ありません。私が困っていること、悩んでいることをポツリポツリと彼女に呟いたことがあります。彼女はそれを、一切の先入観なく、そのまま受け止めてくれるのです。

いっぽう、勤務年数が長いベテラン職員さんたちは、それぞれに自分の仕事スタイルが作られてしまっていたり、わからないことが起こると特定の古株職員に指示を仰ぐことがあるので、私の指示が忘れられてしまうことすらあります。

1つ伝えるだけで理解してくれる人は、賢い人でしょう。

8つ伝えても理解できない人もいますが、理解しようと努力を続けてくれて、仕事を「楽しい」「やりがいがある」と言ってくれるなら、誠実な人間であり、優秀な人材だと感じます。

私の親は、子どもに「二度言わせないで」と厳しく言う人でした。私も昔人間だったので、それがどのようなことであっても、親に同じことを二度言わせないよう、きっちりと言われた通りのことをやっていました。

そのため、職員に対して「どうして何度も言っているのに、伝わらないの？」と理解できない時期がありましたが、今はうっすらと、その答えが見えてきました。

誠実ではない人は、最初から理解する気がありません。それは頭が良くないという意味ではなく、自分の価値観や考えと合わない等の理由で、こちらの意見に最初から従う意志がないのです。だから何度同じことを言っても、耳に入ってはいるけれど、心まで届かないのでしょう。

たとえばある職員は、採用面接で「介護は未経験ですが、教わればできると思います」と言いました。私はその言葉で「この人は大丈夫だ」と思いました。「教えてもらって、実践しよう」という気持ちがあるからです。専門的な知識や技術がなくても、相手を知ろうとし、気遣うことができる人は、いい人材だと思っています。

求人と採用方法も、時代に合わせた変化を

少子化が進んでいる現代では、若く、誠実さを備えた人材の確保は重要です。そこで、組織が大きくなったこともあり、採用制度の見直しに着手しました。これまでは書類選考と、ごく簡単な試験・面接で済ませてしまっていましたが、採用時にその人物の〝誠実さ〟を計ることができるような方法があれば、導入すべきです。

声の大きさや表情、明るさ、仕事に対する気持ちなどは面接である程度知ることができますが、面接の方法も、まだまだ改善の余地があります。面接と小論文をうまく組み合わせることができれば、その人がどのような性質を持っているのか、今よりもかなり明確になりそうな気がします。

同時に、学生へのPRの方法も見直さなければなりません。文字ばかりをつらつらと並べたり、写真を並べたりするだけでは、今の時代に合っていません。動画を制作したり、若者が利用しているSNSも活用して、会社の魅力を積極的に発信していくべきでしょう。

このように、考えれば考えるほど「やるべきこと」が出てきます。その中には、今まで全く触れたことがない分野も含まれていますが、後ずさる余裕はあ

応募前に「職場見学だけ」「話を聞くだけ」も可能

りません。前に向かって進んでいくだけです。

「もっと考えて、工夫して」

採用試験に小論文を加えたところ、その人の考え方や価値観がどこにあるのか、以前よりも見えるようになってきました。

同時に、困ったことも見えるようになってきました。介護業界を目指す人の国語力の低さと、そこから垣間見える社会人としての未熟さです。

誤解のないよう申しておきますが、私は中学校卒業後に洋裁学校に入り、そのまま社会人になりました。ですから、決して自分は頭がいい、賢いなどと思っていません。

そんな私でも「ここは漢字で書くべきでは？」と思うのに、カタカナで書いている人が一定数います。わからないならスマホで調べてもいいのに、それすら思い至らなかったのでしょうか。それとも、調べるという行為自体が面倒だったのでしょうか。

昔、日本の介護福祉士は、医師や看護師といった限られた人しか取得していませんでした。高齢社会が目の前に迫り、政府がさまざまな政策を打ち立てて、大学や短大、専門学校などで幅広く養成した結果、介護福祉士の数はかなり増えました。

ですが、その質が保たれているかどうかは疑問です。

「介護職なら食いっぱぐれがない」、「どこも人手不足だから、就職先がすぐに見つかる」そんな軽い気持ちで介護職を目指し、現場で働き始めたものの利用者さんとのトラブルで嫌になって、辞めてしまう人がたくさんいるようです。

漢字を思い出せない。書けない。

それだけなら、調べれば済むことです。問題なのは「わからない」ことをそのままにして、調べようとしないことです。

利用者さんと合わなかった。受け入れられなかった。

それも、お互いに人間なのですから、仕方ありません。その利用者さんとは相性が合わなかったとしても、違うタイプの利用者さんに対していい介護ができるなら、介護職として働けると思います。

いまの若い人は「○○を△△して」と言えば、できます。ですが、必ずしも「Aができるなら Bもできる」わけではありません。便利な世の中になり、あまり考えなくても大抵のことができてしまうせいか、逆に「できないこと」はあっさり諦めてしまう、今できることを応用して別の何かを成し遂げようと挑戦する姿勢が薄いような、そんな印象を受けます。もちろん、そうではない人もいますが。

ですから、私は何かを頼むとき「○○して」とお願いだけをするのではなく、「これが、こうなるから、こうしてほしい」と、理由までしっかり伝えるようにしています。そのための段取りも伝えますし、その方法でうまくいかないときは、別の方法を考えます。

私が若かった頃と今では時代がぜんぜん違うのだから、自分の価値観で勝手に期待をしてはいけない……それはわかっていますが、やはり私は職員に「頭を使いなさい。もっと考えなさい」と、言ってしまいます。だって、もうひとがんばり考えたら、きっといい知恵が出てくるから。何故できないのかを徹底的に考えて、解決策を見つけることができたら、その経験はかけがえのないものになるから。

私自身はそんなふうに努力し、成長して、ついには会社を運営できる環境を作ることができました。そんな私をずっと間近で見て、一緒に頑張ってくれた古い職員たちには、一度も「もっと考えて」と言ったことはありません。いつも考えて、工夫して、支えてくれたからです。この会社は、その積み重ねによってできたものですから、可能であれば職員全員にその魂を受け継いでもらいたいと願っています。

どうすればこの気持ちが伝わるのか、私も日々勉強です。

私は「不便だな」「上手くいかないな」「しんどいな」と思うことがあれば、放置したりしません。どうやったら便利になるのか、上手くいくのか、楽になるのか、とことん考えます。

何があれば改善するのか？

どうすればそれが手に入るのか？

それはどこにあるのか？

考えて、相談して、協力をお願いして……できることを積み重ねていけば、いつか必ず解決できます。動かなければ何も変わりませんが、ほんの少しでも行動すれば、必ず何らかの結果を得られます。体が動かない私でも、誰であっても、それは可能なことなのです。

会社とともに事務員も成長すべし

事務員の中には、長く勤務してくれている人がいます。そのためほとんどの業務について熟知していますし、周りからも頼りにされています。

ですが、報告が遅く、連絡・相談も十分ではありません。以前の会社の規模なら問題なかったかもしれませんが、現状では不十分と言わざるを得ないのです。

会社を作ったばかりのとき、私も職員も経営については完全に素人で、何もわからない状態からスタートしました。勉強して少しずつ知識を身につけて、ここまで成長してきましたが、経営が安定した頃に「もう大丈夫」と思ったのか、気の緩みがでてきました。事業は伸び続けているのに、同じやり方で仕事をしているのです。

もしかしたら「このやり方で、私たちが会社を伸ばしてきた」というプライドがあるのかもしれません。または、単に仕事のスタイルや、決まったルーティンを変えることが難しいのかもしれません。

ですが、それではダメです。会社が成長し続けているのなら、職員も成長を続けなければいけません。より効率的で間違いのない仕事のやり方を編み出していかなければ、すぐに手が回らなくなってしまいます。

たとえば伝票の照合は、誰がどのような形で行うかが重要になってきました。最終チェックは私がやりますが、その中間は、「合っていました」「ここが間違っていたので直しておきました」という簡単な事後報告のみです。パソコンのデータは簡単に書き換えられるため、それが本当かどうか、最終チェックの段階では確かめようがありません。職員を信用していないわけではありませんが、合っているときと間違っているときは、過程にどのような違いがあるのか。何が原因で、どのように間違いが生じて、何を変更すれば防げるのか。私はトップとしてそれらを確認し、改善していかなければなりません。

パソコンの中だけの照合でいいのか？　紙の伝票でも確認できる形にするには、どうしたらいいのか？

まだ思いつかないのですが、問題は放置せず、一つひとつ解決していくつもりです。

年配者への配慮を欠いてはならない

私は「若者は年長者を敬いなさい」などと、一方的に言うつもりはありません。ですが、これまでの経験から、年配者への対応がぞんざいな人は、仕事のミスが多いと感じています。おそらく「この人よりも自分のほうが、仕事ができる」という妙な自信を持っているのではないでしょうか。

自分よりも多くの経験を持つ相手から、何かを学ばせてもらおうという気持ちがなければ、人は成長できませんし、緊張感を持つこともできません。緊張感がなければ、単純なミスが出やすくなってしまいます。

７０代の事務員が入社したときのことです。ＩＴ系の会社で、ソフトウェアのプログラムを作る仕事をしていたため介護業界は初めてでしたが、ＩＴの専門知識はもちろん、本人の豊富な社会経験を生かしてもらえればと思い、採用しました。

しかし、一部の若い事務員さんはその人に対して、失礼な態度をとりました。ただの新入社員として接して、言葉遣いも明らかに年上に対するものではありませんでした。そのため、私は厳しく注意しました。

この会社の事務員としては、確かに彼らのほうが先輩かもしれません。ですが、相手は自分より2倍以上の年月を生きた人生の先輩です。それが理解できないようであれば、高齢者や障がい者への支援サービスを行う会社の社員として、かなり問題があると思っています。

指導は「その場で」行う

上司は部下を指導する立場にあります。行動や態度、言動などに問題があると感じたら、その内容を指摘して、改善させなければいけません。

どのように指導すれば部下が理解し、効果が出るのか。それは上司の判断にかかっていますし、指導力の見せ所といえます。

ですが、部下に問題があるのに、何も指摘しないまま時間だけが経ってしまうことがあります。そんなときは、私が管理者に「○○について注意しなさい」「こんな風に伝えなさい」と、意見します。

ですが、なかなか実行に移しません。

忙しいから指導を後回しにしているのかもしれませんし、時間を置いてからじんわり言ったほうが効

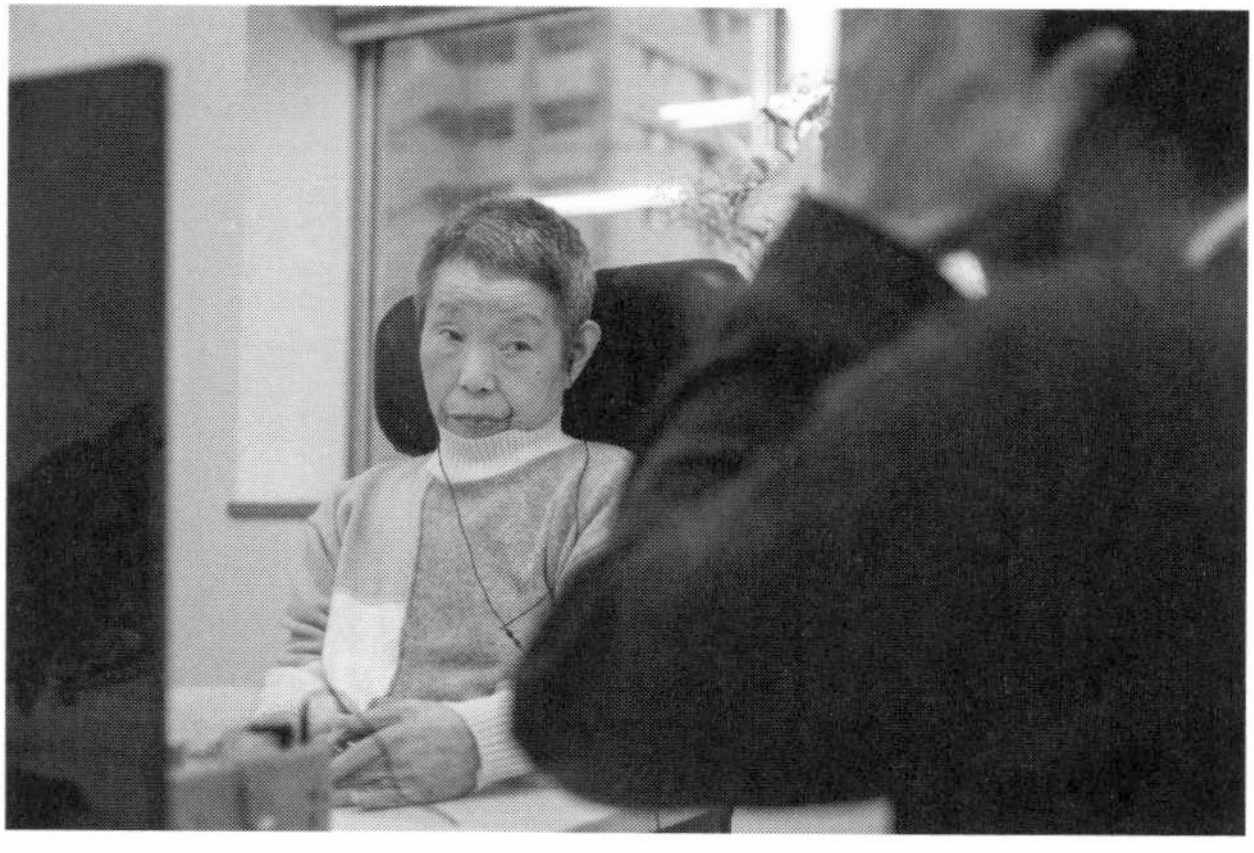

言うべきことは「その場で」「はっきり」伝える

果的だと思っているのかもしれません。また、これは個人的な感覚ですが、男性は時間をずらして注意する、女性はやや遠回しに言って「わかってくれるだろう」と期待する傾向があるような気がします。

私はそのどちらも、いい結果に繋がらないと思っています。ですから、職員はもちろん、利用者に対しても、私はその場でハッキリと言います。時間を開けたりせずに、他の人たちが見ている場で注意します。

注意された本人には、恥ずかしい思いをさせてしまいます。こっそり注意したほうが、本人は有難いと感じるかもしれません。しかし、それでは効果がありません。

自分は恥ずかしいことをしたのだと自覚してもらい、「二度と同じ過ちを繰り返さないように努力しよう」という気持ちになってもらわなければ、改善は見込めません。また、それを聞いた周囲の人間も「自分も気をつけよう」と思うはずです。

これは、責任者自身に「ミスをしても、こっそり注意してほしい」という甘えがあれば、実行できないことかもしれません。ですから、まずはその考え方から正していく必要があると思っています。

任せた仕事はしっかりやらせる

相手が誰であっても、言うべきことは言う。聞き入れてもらえなくても言い続ける。それが私のポリシーです。

ある男性は、話をはじめると内容がどんどん広がって、長くなってしまうクセがありました。

そのため、イベントのときに「今回、私は舞台に出るから、挨拶はあなたに任せます」と言いました。けれど、放っておいたら必ず長いものになってしまいます。そこで「挨拶は3分よ。3分で終わるように、ちゃんと原稿を作って、それを読んでね」と、当日までの間、うるさいくらいに言いました。

すると、ちゃんと3分で話し終わる原稿を作って、その通りに挨拶をしてくれました。けれど本人は「足りない……」と不満そうです。

そこで私は、当日のビデオを見せて「あなたの挨拶の後、県の福祉部長さんが出て、いい感じに宣伝してくださったよね？　あなたが長々と挨拶をしていたら、福祉部長さんのこの時間を削ることになったのよ。それじゃあダメでしょう？」と言い聞かせました。おそらく、頭では理解したと思いますが、心の中には不満が残っていたと思います。

思いがあれば、あるだけ出してしまいたい。その気持ちはわかりますが、こちらも任せた以上は、うるさがられても、不満を持たれても、その役割をきちんと全うしてもらわなければなりません。

任せるだけでその後のフォローもせずに「できないやつだ」「任せたのは失敗だった」などと不満を抱くのは、無責任です。具体的な指示もせずに「〇〇するはずだ」「何年もこの会社にいるんだから知ってて当然だ」というのは、自分勝手な期待です。

その役目を任せることで、何を学ばせたいのか。少しでも体得してもらうためには、どうフォローすればいいのか。任せる側には、その努力が必要なのです。

失敗しても言い訳はせず、改善を積み重ねる

私のポリシーのひとつに「ミスの報告では、言い訳をしない」があります。それは、聞いているほうが嫌な気持ちになるからです。

どれほど気をつけていても、ミスを完全にゼロにすることはできません。ですから、ミ

スをすること自体は仕方がありません。ですが、同じミスをしないためにはどうすればいいのか、何を改善して、次はどうやるのか等、前向きな話を付け加えて報告をしてほしいと思っています。

ある職員はミスをしたとき、口頭での報告に加えて、必ず報告書を作成して提出します。その報告書には、ミスに至る経緯が細かく記され、今後はこういう方法で行います、という改善案も含まれています。

私は現場を見ることができないので、このようなやり方で伝えてくれれば、状況をしっかり把握できるため、助かります。

また、私はよく「もっとこうしたらいいよ」「こんなふうにやってみたら？」と、責任者や職員にアドバイスをします。それを取り入れて改善していく人、成長していく人もいますが、中には聞くだけで動かない、行動に移さない人もいます。

おそらく、失敗を恐れているのでしょう。失敗したら怒られると思って一歩引いてしまったり、半歩すら出にくいと感じているようです。

ですから、私はよく皆に言っています。

「失敗してもいいから、とにかく動きなさい」

行動しなければ何も起こりませんし、一度失敗すれば、「失敗しないためには、次からどうするべきか」を学び、成長できます。

私は初めての試みが失敗しても怒りません。その失敗から何も学ばず、同じ失敗を繰り返したときに、怒ります。

優れたヘルパーの資質とは

介護の仕事につく人に対して「優しい人」「思いやりがある人」というイメージがあるかもしれませんが、必ずしもそうではありません。「できるだけ楽をしたい」「短時間で終わらせて遊びたい」という気持ちで仕事をしている人も、少なからずいるようです。

私の介護をしてくれるヘルパーさんの中にも、そうした「自分優先」の人がいます。

ある日、私はヘルパーさんが入らない時間帯に人と会って、話をする約束をしていました。約束の時間までに排泄を済ませておかなければ、落ち着いて話ができなくなってしまうと思い、ヘルパーさんに排泄介助を頼みました。

すると、そのヘルパーさんは「2人介助の時にしてくれない?」と、言い放ちました。排泄介助は時間がかかるため、忙しいときに言わないでほしい、という気持ちはわかります。大変なときに助けてほしいと思って甘えが出るのも、仕方がありません。ただし、それを利用者さんにぶつけるのは間違いです。

それを言われた私は、心にダメージを受けてしまいました。すると、介助をしてもらっても、気持ちが収縮しているため、うまく排泄できません。必死にがんばって半分くらい出せたので、その後のお話しの最中にもよおすことはありませんでしたが……。

このようなことは、残念ですが、珍しくありません。最近は驚きや悲しみを通り越して、呆れることが多くなりました。

そうした「ヘルパーにふさわしくない言動」は、実は新人ばかりではなく、ベテランにもあります。経験や知識不足がそうした間違いを招くこともありますが、大本は本人の資質——育った環境や教育なども影響するかもしれませんが——の問題ではないか、と思っています。

本人に聞いたわけではありませんが、「早く終わらせたい」「短時間で稼ぎたい」という気持ちが、見え隠れするのです。

何のために仕事をするのか。それは人それぞれであり、どのような仕事を選ぶのかも自由です。ですが、最近はその「自由」や「多様性」という言葉が、あまりよくない方向に使われることが多いと感じています。

介護の仕事は「自分優先」ではなく「利用者さん優先」でなければならないと、職員に何度も話しています。話し終えた時は「わかりました」と言って、納得してくれるのですが、時間が経つごとに、すーっと抜けて落ちていってしまうようです。

ヘルパーという職についている人でも、その資質はさまざまです。責任者はヘルパー一人ひとりの資質を見極め、指導し、利用者さんに提供するサービスの質が落ちないよう努めなければなりませんが、現場は常に人手不足のため、日々の介護を回すことで精一杯です。この現状をなんとか打破しなければと思いますが、妙案はまだ浮かんでいません。

資質がなければ、後輩を育てられない

就職してある程度の年数が経てば、後輩を指導する立場になります。その時も、資質に問題があるヘルパーさんは「後輩の仕事のレベルが上がれば、自分は楽になる」と思って

いる節があります。

後輩に仕事を覚えてもらいたいのなら、一つひとつ丁寧に、わかるように教えなければなりません。ですが「楽をしたい」という気持ちがあるため、まともに説明せず「見て覚えろ」というスタイルでやってしまうため、新人がまったく育ちません。

利用者であり会社の長である私から、責任者に「新人の教育ができていない、もっときちんと教えなさい」とは、言うべきことではありません。そこで、管理責任者に「○○さんの後輩育成ができていないから、しっかり指導するように」と指示を出すのですが、その管理責任者もまた、人を育てる能力が十分とはいえません。

それならばせめて、ケア会議をするようにと言っています。利用者さんの状態をみんなで共有し、よりよい介護を提供するためにはどうしたらいいのか、みんなで考えて決める場を持つように、と。

『えがお』と『夢ハウス』のどちらも忙しくて時間がとれないためか、なかなか実現していませんが、どうにかして実施する時間を作るよう、それぞれの責任者に声をかけ続けています。

責任者は〝組織運営〟の視点を持て

『夢ハウス』の責任者は優しい性格の人で、何でも引き受けて、自分で抱え込んでしまうところがあります。

あるとき、彼は数日間、毎日残業をしていました。私はそれを見て「残業して作業を終わらせるのは、あなたの仕事ではないよ」と言いました。

まず、できる範囲でしか仕事を受けてはいけません。

受け取った仕事が時間内に終わりそうにないと判断したときは、作業を効率よく進めるための道具を購入したり、作業順序を工夫したりして、「どうすれば時間内に終わらせることができるのか」を考えるのが、責任者の仕事です。自分が残業をして終わらせればいい、というわけではありません。

例外はあります。たとえば名刺印刷には、繁忙期があります。3月末に、県庁や市役所、学校関係者が異動するため、名刺の発注が集中するのです。その時期だけは、納期に間に合わせるための残業もやむを得ません。しかしそれ以外は、時間内に作業を終わらせることを第一とすべきです。

優しい性格が過ぎると「いま目の前にある問題」に集中してしまいがちです。

このようなこともありました。

あるとき、妊娠した女性利用者さんが「もうしばらく仕事を続けたい。休んだら収入が減って困るし、家にいたら病気が悪化してしまうから……」と責任者に相談したようです。責任者はその利用者の希望を聞き入れるつもりだったようですが、私は「ちょっと、もう一度考えてみて」と言いました。

収入がなくなると困る、家にいたら病気が悪化してしまう、という理由はわかります。しかし無理をして働き続けて、お腹の赤ちゃんに万が一のことがあった場合はどうするのか。もうしばらくとは、いつまでなのか。彼女が抜けた後にすぐ人員補充できるのか。出産後はいつごろの復帰を考えているのか、などなど……。

彼女の気持ちに寄り添う前に、組織として考えなければならないことは山ほどあります。それらをすべて確認して、作業に穴が開かないように準備を整えられるメドが立ったら、自分の責任で判断しなさい、と。

現場で働く職員の仕事は、利用者さんが充実した毎日を過ごすための環境づくりやサポートです。しかし責任者は、ひとつの仕事や、一人ひとりの事情に目を向けるだけではいけません。組織運営のためにもっと広い視野で物事を考えた上で、自分の責任で決断を下しなさい、と、こんこんと説教をしました。

年数では評価しない

先日、驚くことがありました。『えがお』の責任者が、勤続１０年で何かの役職に就ける、もしくはご褒美のようなものがもらえると、期待していたらしいのです。

なぜそんなことを思ったのか疑問でしたが、彼がまだ新人だったころに、私が「少なくとも、あと１０年は努力しなければいけないよ」と言ったことが、原因のようでした。しかし、私は別に「１０年努力すればご褒美をあげます」と言ったわけではありません。そもそも、年数だけで何かを評価することはありません。

大事なのは年数ではなく、どれだけ努力して、成長して、結果を出せるようになったかです。努力せずに「棚から牡丹餅」のように、おいしいものが降ってくることはありません。

この責任者は「自分は汗をかかずに、口だけ出して済ませたい」と思っている節があります。そして本人は気づいていないようですが、そうした性根の持ち主であることを、周囲の人々に見透かされています。

「部下は3日で上司を見る」と言います。部下は上司がどういう人間か、よく見ています。そして、わずか3日で信頼に値する人物かどうか見定めているのです。

責任者やリーダーになっても、役職だけでは人望は得られませんし、努力をして成果を出さなければ、評価もされません。

責任者やリーダーの仕事は部署によって異なりますが、共通しているのは、部下の指導と育成です。

部下は上司を3日で評価しますが、上司は何年もかけて部下を育てなければなりません。

私も、これまでいろいろとヘルパーさんや職員に対する苦情を口にしましたが、それは、自分の子どもだと思っているからです。

仕事上の関係でしかないと割り切った相手なら、手間暇かけずにどんどん解雇していけばいいのです。

自分の子どもだと思うからこそ、成長してもらいたいと願います。こちらの言葉を聞き入れてくれなくても、諦めずに繰り返し言い続けます。叱るのも、意見を言うのも、自分の子どもだと思えばこそです。

子どもの成長には個人差があります。入社１年で仕事を覚えて効率よく仕事ができるようになった部下がいれば、５年経っても仕事が遅く要領が悪い部下もいるでしょう。ですが、問題は年数ではありません。たとえ仕事が遅くても、介護の仕事に対する情熱を持ち、利用者さんへの思いやりの心が育っているのであれば、それは評価に値します。

第7章　リーダーとしてあるべき姿

全力で取り組むということ

私の仕事は『えがお』と『夢ハウス』の予算作りや事業の方向付け、事業の進行状態の把握、職員の補充、福利厚生の検討、備品の購入などについて、トップとして判断し、指示を出すことです。

また、何か事業を行うとき、成果が出せるかどうかの見極めと決定も、私が行っています。最近は大きなイベントやレクリエーションなど、あまり効果が出ていないにもかかわらず継続して開催しているものがあったため「成果の出ないイベントは、やめましょう」と、廃止にしました。

たとえば、前の事務所は手放さず「近いうちに何かに活用しよう」と、賃貸契約を残していています。しかし、すぐに何かができるわけではありません。空きスペースをそのままにしておくのは勿体ないと感じ、私は「利用者さんが描いた絵を展示して、地域の人たちに見てもらう展示会を開催しましょう」と提案し、指示を出しました。

職員たちは指示通りに絵を展示してくれたのですが、足を運んでくれる人はまばらでした。しっかり宣伝するように言っても、いつまでたっても客足が増えません。

そこで「1週間だけ、私の絵だけで展示会をやらせて」と言い、了解を得ました。

私はすぐに、集客のために行動を起こしました。ボランティアさんに連絡をしたり、案内のハガキを出したり、電話をかけたり、新聞社にも連絡をして記事を載せてもらいました。当日までに芳名帳を用意して、データを残す準備も整えました。

その結果、110人もの人が集まりました。その中には「友達に教えてもらって来ました」「新聞の記事を見ました」と、初めて会う人もたくさんいました。

さらには新聞でこの展示会を知った日本海テレビの方が取材に来てくださり、10分ほど、展示会の様子や私の思いがテレビで放送されたのです。まったく予想していなかったことですが、その後は「テレビで見ました」という方も大勢来てくれました。

私はその光景を職員たちに見てもらい、「これくらい努力しなければダメ」と伝えました。障がい者の人たちが描いた絵を見てもらう、知ってもらうための努力がまったく足りていなかったことを、自覚してほしかったのです。

ここ数年、夢ハウスが開催するイベントは、まったく成果を出していません。

昨年は、東京や北海道で300人収容レベルの会場を借りて、障がい者の方に登壇していただき、講演会を開催しました。開催には60~70万円の費用がかかるため、私は会場を満席にするのが当たり前だと思い「タイムスケジュールや行程表を作って、それに沿ってしっかり動きなさい」「向こうの関係機関に連絡をとって、宣伝に協力してもらいなさい」などと、何度もうるさく言いました。しかし、忙しすぎたのか、責任者がいまいち乗り気ではなかったのか、当日は100席程度しか埋まらなかったのです。

成果が出せないなら、やる意味はありません。今年は講演会の開催はやめました。

職員は「時間がない」「忙しい」「人手が足りない」と言いますが、忙しいのは皆同じです。それならば、その状況でも実現させるにはどうしたらいいのかを考えなければいけません。

私はいつも職員に「考えて」と、言っています。

「どうしてできないのか、もっとよく考えて」

「言い訳をしないで、きちんと考えて」

私は体が動きませんが、それでも会社のトップとして、２つの事業の責任を背負っています。普通は「動けないから何もできない」と思うかもしれませんが、そうではありません。「動けない体で何ができるのか」を、一生懸命頭をひねって考えれば「できること」が必ず見えてきます。

実現が困難なことほど、答えを見つけるまでの道のりも苦しいものになります。人はそこに至る前に逃げたくなりますし、逃げてしまいます。諦めてしまえば楽になれるため、忙しさを理由に「逃げずに努力をする道」から目をそらし続けてしまうのです。

だから全力で取り組まず、成果も出ない。

そのような無駄な事業は、見るに堪えません。厳しいかもしれませんが、その状態で「がんばっています」と言われても、私は認めません。

私は身体が動かなくてもここまでやっていますし、行政の方々にもある程度は名前を知っていただいています。それなのに、自分で作った会社を束ねられていないと思うと、とても悔しい気持ちになります。

しれません。

「後継者育成」に挑み続ける

『夢ハウス』は、比較的安定した事業所です。目に見える、ということが大きな理由かもしれません。

『えがお』の訪問介護サービスは、ヘルパーさんが利用者さんの家に行って活動しているので、私からは見えません（いろいろと感じることはありますが）。農業をしている畑も、こんにゃくを作っている「こうじく庵」も、現場が離れたところにあるため、目が届きません。すると、テコ入れしようと思っても、なかなかできないのです。

私と、サービス提供責任者またはサービス管理責任者でしっかりと意思統一を行い、車で各現場を周ってテコ入れができれば、もう少しいい流れを作ることができるのかもしれませんが、そのための準備が、なかなか進んでいません。

それなら『夢ハウス』事業継承はうまく進んでいるのかといえば——そうともいえません。

「ＮＰＯ法人の理事長を、そろそろ後継に託したいと思っている」と、他の理事たちには数年前から伝えていますが、先ほど述べたように、成果の出ない事業をそのまま継続するような金銭感覚では、危ういと感じています。創業者としては、借金をしないでここまで実績を出してきたのですから、自分がいなくなった途端にお金が底をついて運営できなくなった、という事態になっては困ります。

しかし、安心して託せる人材が、まだいないのです。

私は、人間は誰でも、何歳になっても、追い詰められて努力をすれば、必ず変わることができると思っています。変われないのは、まだその時がきていないだけなのです。そう信じています。

任せられる人物がいないからと諦めたり、努力を怠って責任を託す準備をしないままこの世からいなくなってしまうこと――それは、一番避けなければならないことです。なかなか進まず、頭を痛めたりもしますが、最後までやり遂げる覚悟はあります。

理想の「2番手」「3番手」の育成

ある女性職員は、とても意欲のある人物なのですが、責任者Cさんの補佐と機嫌とりばかりをして、なかなか自分の意見を言いません。

その理由は、Cさんの機嫌を損ねると、拗ねて口をきかなくなってしまうからです。仕事に支障がでるので、そうならないように努力を続けてきたのですが、傍目に見てもその気遣いは過剰でした。

私は彼女に「責任者がそんな態度をとったら、私に言いなさい。あなたが喧嘩をしてもいいし、できないなら私から注意します。あとのことも責任を持ちます」と言ったのですが、長い年月で染み付いてしまったのか、なかなか改善しません。

私は彼女に「本を読みなさい」と言っています。知識をつけることで、自分の考えや行動に、もっと自信が持てるはずです。

また、責任者のフォローをするために、自分が先に意見を言ってしまうことが多いので「先に自分の意見を言うのではなく、まずは徹底的に相手の意見を聞きなさい」とも伝えています。先に自分の意見を言ってしまうと、その後の話が、頭に入りにくくなるためです。

責任者は常に広い視野で物事を見て、安定した組織運営のために判断を下さなければなりません。しかし、組織運営を優先してしまうと、利用者さんの利益がおざなりになってしまいます。それをフォローするのが、責任者の下にいる2番手の職員である彼女の役目だと思っています。

2番手の職員は、組織と現場を繋ぐ存在として、現場の状況や問題、要望などを常時責任者に伝えつつ、ときには現場の要望を通すために責任者とケンカをするくらいの強い意志を持っていることが理想です。

ただし、2番手の人は、いつまでも2番手のままではいけません。

将来は自分が責任者になることを意識して、組織運営に必要な知識や能力を少しずつでも身につけてもらわなければなりません。2番手の感覚のままでは、責任者になったとき、組織を束ねることができないためです。同時に、2番手の人が責任者になったとき、その後を継ぐ3番手の育成も必要です。

そのため、私は責任者の育成は、2番手・3番手の育成まで見据えて行うべきだと考えています。現場と組織の両方の事情を熟知したトップが誕生すれば、かなり強い会社になるでしょう。

仕事の責任を曖昧にさせない

人材育成を進めるうえで重要なことは、普段から各ポジションの責任を明確にし、その責任を全うさせることです。

『えがお』では、自分の仕事ではなくても「困っていたら手を貸す」は当たり前のこととして行われています。職員同士で協力し合うのは良いことなのですが、それが行き過ぎると責任の所在が曖昧になってしまいます。

実際『えがお』では、次のようなことが起こっています。

訪問介護の予定がキャンセルになったときは、責任者がその旨を担当のヘルパーに伝えなくてはなりません。また、ヘルパーが何らかの事情で訪問先に行けなくなってしまったとき、責任者は別のヘルパーに連絡をとって、急遽向かってもらわなければいけません。

しかし責任者も毎日忙しいため、タイミングが悪く「どうしても今は連絡ができない」という場合があります。そんなときに、ある職員さんに「悪いけれど、○○さんに□□って、伝えてくれる？」とお願いすること、それをその職員さんが引き受けることは、別段悪いことではありません。

ただし、それを常態化させることには、大いに問題があります。

ヘルパーさんの中には「会社の電話には出ないけれど、特定の個人のライン電話には出る（メッセージには返事をする）」という人がいるからです。

なぜ会社からの電話に出ないのか、責任者はまず、その理由をしっかりと問いただささなければいけませんし、よほどの理由でなければ、改めさせるべきです。

電話に出てくれない相手に連絡をしなければいけないとき、代わりに連絡をとってくれる人がいるなら、責任者はとても助かります。しかし、それは責任者がやるべき仕事であり、他人任せにしていては責任を果たしたことになりません。

また、頼まれた側にとっても「責任者が電話をかけても出ないけれど、私が連絡をしたら返事をしてくれる」というポジションは、ちょっとした優越感が感じられる、気持ちのいいものでしょう。ですが、それは本来の仕事ではありません。

助け合うことは大事ですが、互いに責任の所在を見失ってはいけないのです。

私は手が動きません。そのため書類にハンコを捺すときは、いつも職員に頼んでいます。その際、徹底させていることがあります。

「自分の机でやるのではなく、私の目の前でハンコを捺して」

ハンコを捺すのは本来私の仕事であり、私の責任だからです。

頼まれた職員にとっては、ハンコを捺す場所はどこでも同じです。体調が悪くて任せきりにしていた時期が確かにありましたが、それは間違いであり、改めるべきことです。

本来は捺印の代行を頼まれた職員が「代わりに捺しますが、私の責任で行うべきことではないので、確認していてください」と言わなければいけませんし、私は職員がそのような意識を持つよう、教育しなければいけません。

新しい職員はすぐにその通りにしてくれるのですが、古い職員ほど、以前の感覚が残っているためか、すぐに自分の机に持って行こうとします。その度に「そっちじゃないでしょう」と、注意しています。

組織のルールを守らせる

ベテランの職員さんの中には、『えがお』と『夢ハウス』両方の事情に詳しい人が複数います。

そのため新入りの職員は「わからないことがあれば、ベテランの人に聞けばいい」と思ってしまいがちです。しかし、『夢ハウス』の職員が『えがお』のベテラン職員に業務の相談をしたり、『えがお』の職員が『夢ハウス』のベテラン職員に質問をするのは、おかしなことです。ですから、私は次のように注意しています。

「あなたの上司は誰ですか？　その人に相談をしなさい。聞く相手が違うでしょう？」

ベテランの職員は、貫禄というか、頼りになる雰囲気を醸し出しています。実際に仕事ができますし、頼りにもなります。

気遣いのできるベテラン職員もいます。

たとえば『夢ハウス』の職員が、何かを必死に探しているとします。『えがお』のベテラン職員はその姿を見て、何を探しているのかわかった時、そっと近づいて「○○にありますよ」とボソッとつぶやくのです。

それはすごく助かることですし、感謝もするでしょう。

ですが、私はそれを褒めません。

本来なら「○○が見つからなくてお困りのようですが、私はその場所を知っています。差し出がましいようですが、お教えいたしましょうか？」と、許可を得た上で教えるべきです。同じ建物で仕事をし、日頃から協力することが多い仲であっても、所属している組織が違う以上、それが筋というものです。

こういった細かなこと以外にも、ベテランになればなるほど大抵のことは自分で判断できてしまうため、私は何も指示をしていないのに組織の垣根をこえて勝手に動き、実質「裏ボス」のような存在になってしまう人がいます。

何度も注意しているのですが、なかなか直りません。頭ではわかっているのかもしれませんが、そういったベテラン職員は、社会や組織のルールを守ることよりも、人助けが優先されてしまうのです。長い間そうやって仕事をして、周りから信頼を得てきたこともあり、考えと行動を改めるのは難しいのでしょう。

ですが、私が諦めてしまえば組織としてのケジメがなくなってしまいます。それはどちらにとっても良いことではないため、これからもずっと言い続けていきます。

〝なあなあ〟をなくす

以前は、このように〝なあなあ〟でやってしまう部分が多くありました。そして、それを厳しく改善してこなかった責任は、私にあります。

ですから、ベテランの職員さん達にはいつも繰り返し、言ってきました。

「いい？　私も、あなたも、ヘルパーさんも、みんな素人から始めて、ここまで育ってきたのよ。１００人以上の組織になって、もう昔の個人経営じゃないの。組織も仕事も変わったから、ルールも変えていかなきゃいけない。いつまでも昔の感覚で、軽く考えていたらダメよ」

そして、どんな些細なことでも、必ず書面にするよう指示しています。とくに交渉事は、必ず2人で立ち合わせています。

この事務所には、2つの事業所が入っています。私の机をはさんで、右手が『夢ハウス』、左手が『えがお』です。

1つの建物に2つの事務所が共存している状態のため、お互いに何かを借りたり、融通したりすることはあります。それは構いません。ただ、そうしたことを書面に残さず勝手にやってしまうと、その人が病気で休んだとき、何らかの理由で辞めたとき、残った人間が困ります。

誰が見てもわかるように、必ず書類を作って、整理をしておく。

たとえば、新しい事務所には、駐車場が10台分くらいあります。

「夢ハウスとえがお、どちらが何台契約するのか覚書を作って、ハンコを捺して、双方の事務員が車の契約書にその内容を記しておきなさい」

ここまで言います。言わなければ、なあなあで使ってしまうからです。

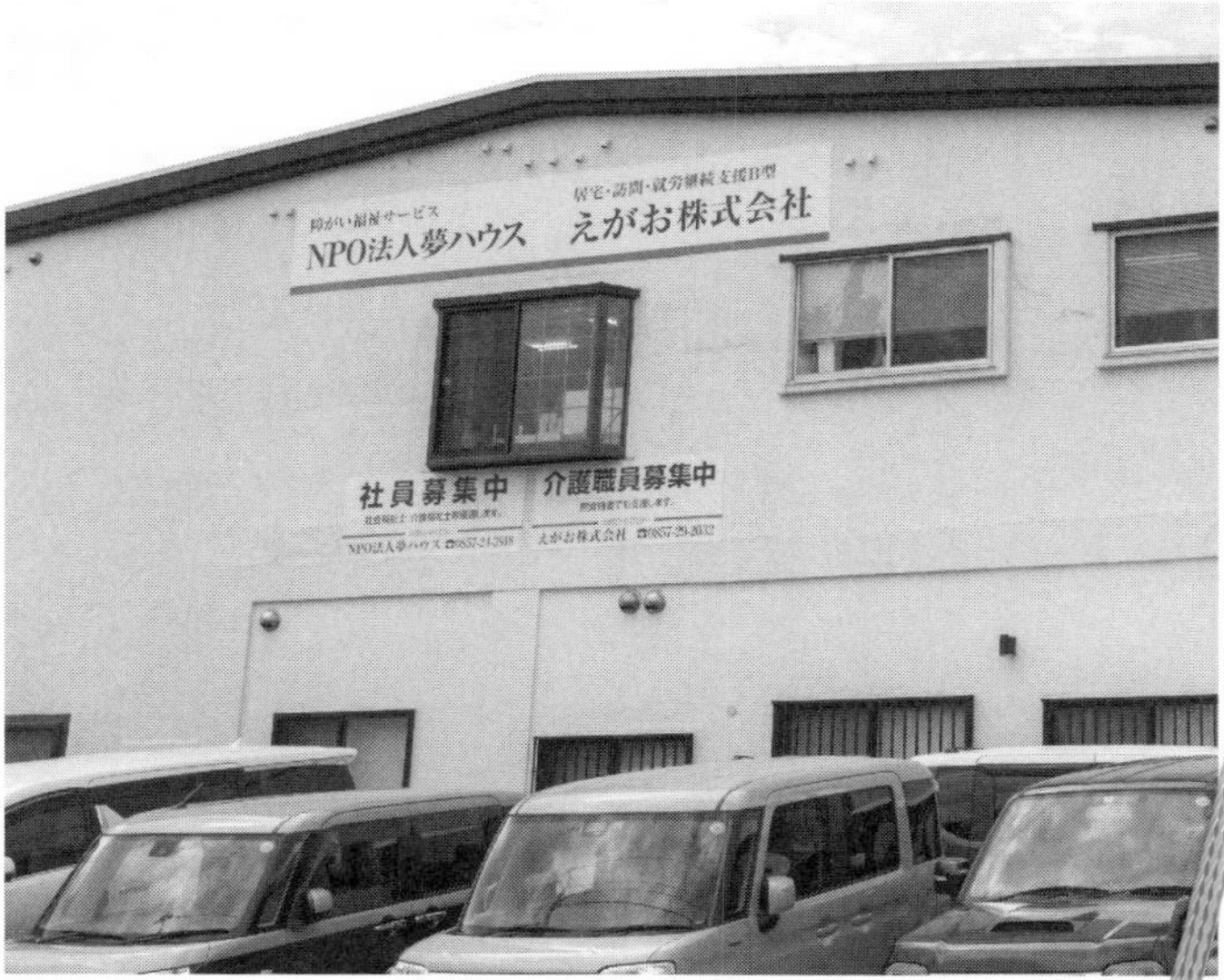

一つのスペースを共存し、日常的に助け合っていても、「異なる事務所」という自覚を欠いてはならない。

私は「これは大事なことだ」と思ったらすぐに決めて、間をおかずに指示を出すのですが、相手が動くまで時間差があると、ムッとしたり、落胆してしまいます。そのため、相手がすぐに動けるよう、指示はできるかぎり具体的に出しています。

長い年月で作られてしまった根深い慣習を改めさせるには、同じくらい強固な意思が必要です。私は誰が何を言おうと「自分は絶対にブレてはいけない」と、言い聞かせています。

介護職員の給与の問題

介護士や保育士は重労働のわりに給料が高くありません。慢性的な人材不足の理由の一つには「給料が安い」「待遇が悪い」などのマイナスイメージがあり、この問題に対して、国は「手を打った」と言っています。

介護保険制度には、介護職員の処遇改善を図るための「介護職員処遇改善加算」という点数があります。事業所が賃金体系の整備や研修制度を設けることで、介護職員1人あたりの月額報酬が加算される制度です。これを改善したため、国は介護職員の給料が増えて、給料が良くなれば働く人間も増えるだろうと、安易に考えたのでしょう。

しかし、実際に介護職員や保育士の給料は上がっていませんし、人材不足も解消されていません。これは一体、どういうことだと思いますか？

介護職員処遇改善加算の改善前に、介護報酬の引き下げ同然のことが行われたからです。それまで「１時間」「３０分」で１単位だったものが「４０分以上」「２０分」と、時間が短く設定されました。当然、それに伴って１単位の点数も下がります。

そうなると、現場はどうなるか。

それまで３０分で行っていた内容を２０分で済ませろと言っても、できるわけがありません。結果として、同じ時間、同じ仕事をしているのに、給料が減るという事態になります。それでは働く側に大きな不満が出てしまい、ただでさえ少ない人材をこれ以上失うわけにはいかないため、多くの事業所は持ち出しで、その穴を埋めていました。

そのため加算が増えたとしても、給与や賞与にそのまま反映させることはできません。単価が減らされているため、給与・賞与・処遇をすべてからめたうえで職員の給与計算をしなければいけないのです。

その計算は、とてつもなく複雑です。正直、頭がすごく疲れます。それでも、この計算をしっかりやらなければ、職員の給与がなぜこの数字なのか、その根拠を明確に示すことができません。それでは経営者といえませんし、後任に託すこともできません。
これも、私がしっかり取り組んで残さなければならない終活の一つです。

第8章　経営者としてのポリシー

介護は原則同性介護、異性介護は慎重に

私は介護サービスと障がい者の就労支援を行う会社のトップとして、各事業に「ゆずれない信念」を持っています。そのうちの一つが、介護サービスにおける「同性介護」です。

近年、病院では男性の介護スタッフを積極的に入れています。ですが私は入院したとき、男性の介護スタッフはお断りしています。移動などはいいのですが、入浴や排泄の介助などは、どうしても抵抗があるからです。

介護は同性介助が基本と思っていますし、当社の介護サービスも同性介護を原則としています。そのため、介護スタッフの5分の1は男性の介護福祉士やヘルパーです。これは、介護業界では比較的多いほうだと認識しています。

昔は介護従事者といえば女性で、男性の介護福祉士はごく稀な存在でした。しかし、体

が大きい利用者の介護には、どうしても力や身長が必要です。技術だけではカバーしきれない部分がたくさんあるため、男性の力は現場に必要なのです。

同性介護が基本ではありますが、体が大きな利用者は男性ばかりではありません。ときには女性利用者の介護に、男性ヘルパーの力が必要なこともあります。

男性ヘルパー自身は、異性の利用者の介護を頼まれても、とくに困る様子はありません。最近は女性と同じくらい、またはそれ以上の気配りができる、細やかな男性もいます。それでも、「男性の介護を受ける女性の気持ち」の問題は、まったく別のところにあります。

私自身が介護を受ける人間だからこそ、その問題に対しては真摯に向き合ってきました。異性介護でも抵抗感が少ない車椅子への移動や、女性ヘルパーを少し手伝うくらいの内容に限定するなど、利用者が困らない範囲で男性ヘルパーの力を借りることで、難しいケースもクリアできるよう工夫をしてきました。

なかには異性介護をまったく気にしない女性利用者もいますが、それでも配慮を欠くべきではないと思っています。慎重に、十分すぎるほど注意して入ってもらうくらいが、ちょうどいいのです。

質を上げて利益を出す

自主事業のひとつである「こうじく庵」での手作り生芋こんにゃく作りも、強い信念をもって取り組んでいます。助成金をいただいて――つまり税金を使って立ち上げた事業ですから、「商品の質を上げて利益を出す」ことを目指しています。

しかし、残念ながらまだ軌道に乗っていません。

利用者さんは一生懸命働いてくれているのですが、製造ノウハウが十分ではなく、硬かったり空気が入っていたりして品質にムラがあります。そのため在庫がいつまでも残っていて、単体では利益が出ず、介護事業で支えている状態です。

職員のモチベーションも下がり、「もっとイベントで売れるものを作ろう」などと、目先の利益、一過性の収益を追うような発言が出たこともあります。

ですが、それでは利用者さんに安定した工賃を支払うことができません。

いま大事なことは、現場の職員が本気でこんにゃく作りに取り組み、「注文が殺到してすぐに売り切れてしまう」というくらい、商品の質を上げることです。

商品を作って、売る。それが商売です。商品の質が悪いままでは、いつまでたっても売れませんし、利益も出ません。

こんにゃくの製造販売事業で利益を出す。そのために、まずは商品の質を上げる。

多方面からご支援をいただいて行っている事業なのですから、しっかりと利益を出して、ご期待に応えなければなりません。

借金はしない

『えがお』と『夢ハウス』が成長する過程では、銀行からお金を借りることもありましたが、経営はずっと黒字が続いています。そのため、銀行から「借りてください」と言われるようになりましたが、積極的に借金をすることはありません。社用車も１３台ありますが、最近はすべて現金で購入しています。

行政書士さんの中には「銀行からお金を借りたほうがいい」と、アドバイスする人もいます。確かにお金を借りれば、もっと事業を伸ばすことができます。会社の評価も上がるでしょう。

ですが、借りたお金で会社を大きくするよりも、事業で得た利益の範囲で着実に成長させていくほうがいいと、私は思っています。万が一の事態が起こったときに負債を抱えていたら、それを返すどころではなくなってしまいます。負債がどんどん膨らみ、倒産してしまうかもしれません。そのような危険は、極力避けるべきです。

ただし、会社に必要なものであると判断したときは、必要な金額のみ借りて導入します。たとえば、約４００万円の事務用ソフトウェアを購入したときは、２年で繰り上げ返済する計画をたてて、日本政策金融国庫の融資制度を活用しました。そのソフトには、事務員一人分の働きをしてくれる機能があったためです。

個人でも会社でも、お金のことは慎重に考えます。たったひとつの間違いや見落としが、大変な事態に繋がりかねないからです。

たとえば、こんな話があります。

ある日、知り合いが「頭金ゼロで、３５年ローンで家を建てた」と、嬉しそうに言いました。私はとても驚き、心配になりました。なぜなら、その人はもう３５歳だったからです。

順調に返済できたとしても、３５年も経てば、その家はあちこちが傷んで、修繕が必要な状態になるはずです。

では、その修繕費はどうやって調達するのでしょうか。

本人は70歳になっていますから、若い頃のように働けません。収入が年金のみであれば、家の修繕費を捻出することは不可能でしょう。これから35年間、ローンを払いつつ修繕費のために貯金をすることは可能かもしれませんが、現時点で頭金も払えない経済状態なのに、それを実現できるとは思えません。

そうした「完済後のリスク」については、銀行側は一切触れません。お金を貸し、利子を含めて戻って来るのであれば、何も問題はないからです。

私にとって銀行とは、お金を借りるところではなく、単に、お金を安全に保管してもらう場所です。職員に不手際などがあり、危ないなと感じたらすぐに別の銀行に移ります。また、銀行は合併することがあり、その際に保証してもらえる金額には上限があるため、一行に頼らず複数の銀行と取引をしています。

このような話は、事務員さんにも折に触れて伝えています。

収支をしっかり見る

『えがお』と『夢ハウス』のお金は、私が管理しています。

私は自分で通帳を見て確認することができないため、職員に記帳後、必ずパソコンでデータ入力をしてもらい、それを私のパソコンから確認しています。ですから、会社に入ってくるお金、出て行くお金の動きは、ほぼ頭に入っています。

加えて月2回、伝票をチェックしています。

たとえば『えがお』には介護、農業、加工、軽作業の4部門があるため、伝票の枚数も大量になりますが、振替伝票、出金伝票、入金伝票など、見落としのないようすべて気合いを入れて確認します。かなり疲れますが、他人に任せたことはありません。

また、利用者さんに工賃を支払う際、お金の封入には必ず立ち会います。金額に間違いがないよう、すべて封筒に入れ終わるまで見ています。職員を信じていないわけではなく、「職員に任せたから、見なくていい」というスタンスをとれないためです。

入ってくるお金と、出て行くお金を確認する。

これは経営者にとって当たり前のことです。

たとえば、先ほどお話ししたように介護サービスの報酬が入るのは2カ月後ですから、常に2カ月分の人件費をプールしておく必要があります。万が一、他の経費に使ってしまったら、職員さんに給料が払えなくなってしまいます。ですから、その数字は必ず意識しなくてはいけません。

また、野菜やこんにゃくを作っている利用者さんに工賃を支払うためには、その売上から経費を差し引いた利益が必要です。売上が減れば工賃も減りますし、減らしたくないのであれば別の収入源を確保しなければいけません。

仮に、40人の利用者さんに一人当たり3万円の工賃を支払うのであれば、1カ月に120万円の利益が必要です。そのためには、1日にどれくらいの作業をこなす必要があるのかは、逆算すれば具体的

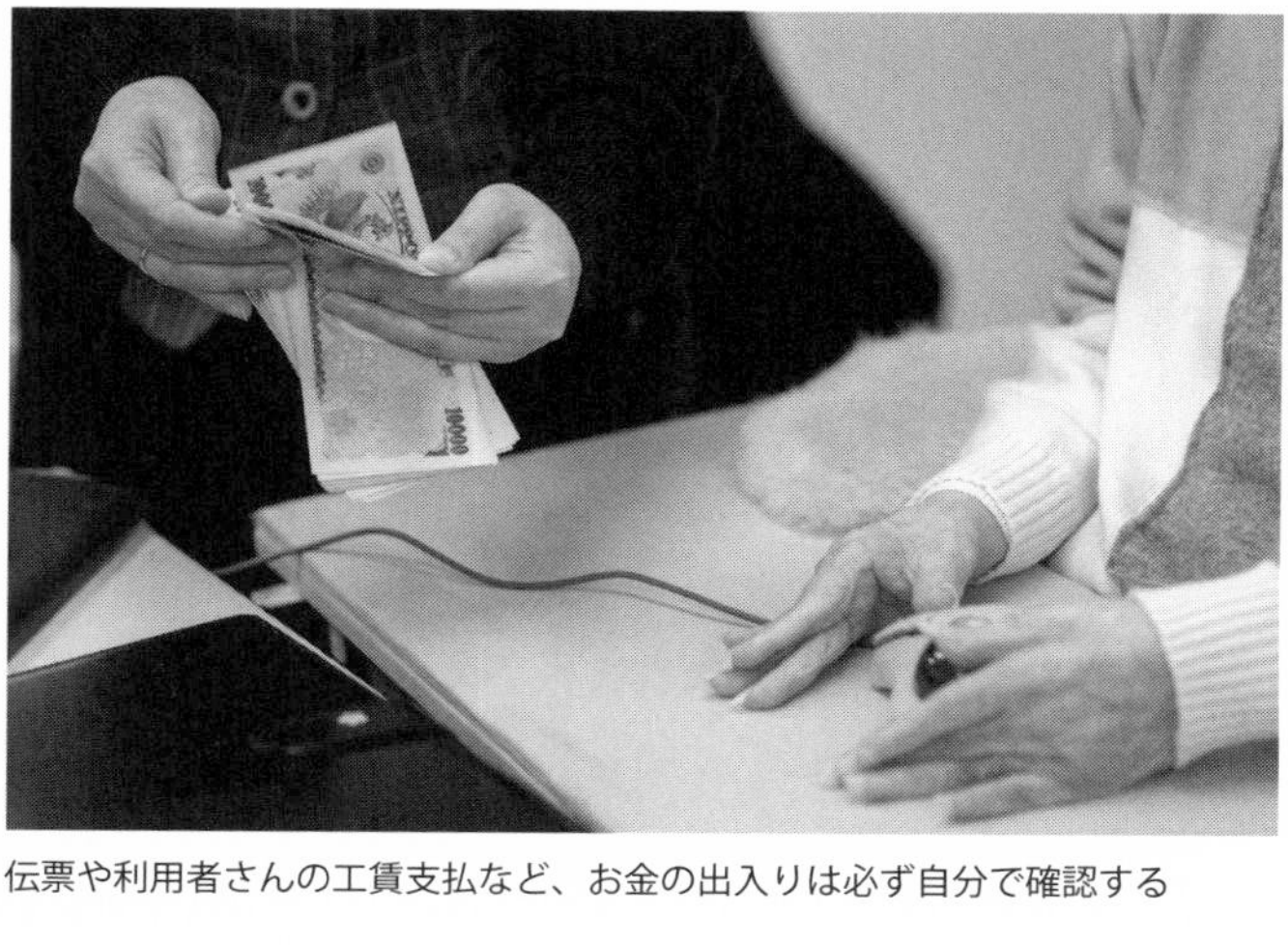

伝票や利用者さんの工賃支払など、お金の出入りは必ず自分で確認する

な数字を導き出すことができます。その数字と実際の数字が合致しないのであれば、早急に手を打たなければなりません。

私は母から受け継いだ商売人の血のおかげで、そうした数字を弾き出すことが得意でした。だから麻雀屋や喫茶店を営むことができましたし、今もこの会社で赤字を出さずに運営できているのだと思います。

そうして得たお金の保管にも、最大限の注意を払っています。

金庫の鍵や暗証番号は、特定の職員にしか渡していませんし、教えていません。その職員たちは、任されたという信頼を受け止めて、責任を持って管理してくれています。

また、どれほど信頼していても、会社のお金をすべて一人の職員に任せることは危険だと思っています。そのため、金庫や通帳を部門ごとに分けて、各部門に事務員を配置し、責任の所在が明確になるよう体制を整えているところです。

買ったものを活用する

ものの価値とは、購入する際の金額ではなく「どれほど活用したか」にあると思っています。

さきほどお話した約４００万円のソフトウェアは、ヘルパーさんがどこに訪問し、どのようなサービスをどれくらい提供したのかを一括管理し、国への請求も簡単に行える機能が搭載されています。

介護サービスを提供している事業者は、原則として利用者に費用の1～3割を請求し、残りは毎月限られた期間内に請求書類を作成して、国保連（国民健康保険団体連合会）に提出しなければいけません。

それまでは事務員さんが手作業でヘルパーさんのスケジュール表を作成し、一つひとつの請求額を計算して、書類を作成していました。そのため時間がかかり、ミスもありました。しかし、パソコンソフトであれば自動的に作成されたデータを確認し、必要に応じて簡単な手直しをするだけで完了します。事務員さんの負担が大きく減り、ミスの発生も抑えることができるため、４００万円を支払う価値があると判断しました。

ですが、「このソフト、ややこしい。使い方がわからない」「今まで通り手作業でやったほうがマシ」と、導入したのに活用しないという状況になれば、まったくの無駄になります。職員の負担軽減の対価として400万円をローンで支払っているのに、負担が減らず、お金だけが減っていくなんて、2倍の損害と言えるでしょう。

逆に、10万円のソフトであっても、それを活用することで職員の負担が減り、新しい仕事も担ってもらえるようになったなら、それは10万円以上の価値になります。

必要だから購入する。それは当然です。

購入したものは、より高い価値を得るために、しっかり活用するべきです。

求めていた理想と、納得できる結果

『えがお』と『夢ハウス』、2つの事業所を合算すると、中小企業並みの数字が出せるようになりました。私にできる範疇で、ある意味、納得できるところまでたどり着けた、結果が出せたと、満足しています。それも、自分がトップの座から退いてもいいと思えた理由のひとつです。

ここまで成長できたのは、テープおこしやデータ入力、名刺印刷など、行政の仕事を任せてもらえるようになったからです。毎年、２～３割近く売上が伸びるという好成績をあげています。

ここまで短期間で事業を大きくする予定は、私の中にはありませんでした。ただ、チャンスが巡ってきたとき、私は躊躇わずに掴みました。その時の決断と、それまで積み上げた信頼が、その後もたくさんのチャンスを呼び込んでくれたのだと思います。

新しい事務所への移転も、そのひとつでした。１５０坪という広さがあり、９人程度乗れる大きなエレベーターを、補助金などを活用して、借金せずに取り付けることができました。小規模な作業所では不可能だった環境整備が、１２０人の職員を抱える規模に成長したことで、実現できるようになったのです。

もちろん、理想を追求すれば限りはありません。

『えがお』は私が自分の介護を守るために作った会社ですが、会社を作る前から今までの何十年もの間、出会ったホームヘルパーさんは数百人にものぼります。その中で、本当に心から安心して介護を任せられたヘルパーさんは、たった1名です。介護力はもちろん、こちらの要望に対する理解力、人柄、すべてにおいて優れた方でした。

ですが、理想は理想です。

利用者さんによってニーズは違いますし、ヘルパーさんもそれぞれに異なる資質を持っていて、得手不得手があるのですから、私の理想を押し付けるわけにはいきません。

私がヘルパーさんに変わらず伝えている要望は、ひとつだけです。

「利用者さんから指名してもらえるようなヘルパーになりなさい」

なぜなら、介護はサービスだからです。

《後編　前半生の出来事編》

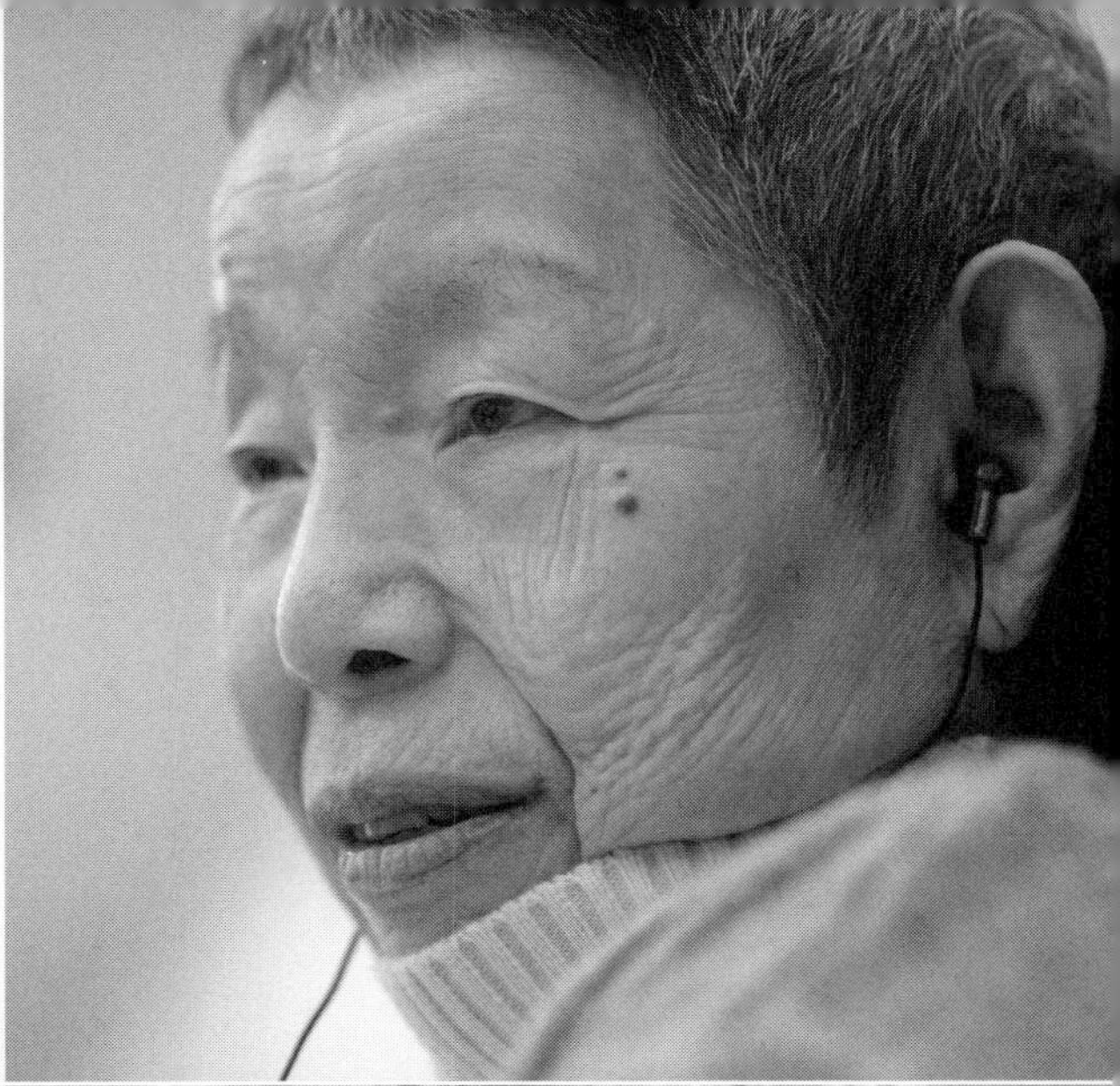

終活を始めたことで、さまざまな課題と道筋が見えてきました。

私はずっと前を向いて進んできましたし、これからもこの道の先を目指していきますが……少しだけ、子どもの頃や、若い頃の出来事を振り返ってみたいと思います。

私の思いや考え方、信念などは、いつ、どのようにつくられたのか。

それをお伝えすることで、「ああ、こういうことがあったから、こんな風に考えるようになったんだな」と納得していただけたら、嬉しいです。

第9章　現在の私をつくった前半生

前半生を紹介する理由

２０１３年、私は『「あたりまえ」を取り戻す』という本を出版しました。筋ジストロフィーを発症してからさまざまな困難を乗り越えて、障がい者の作業所『夢ハウス』と介護事業所『えがお』設立までの出来事、そして、私の人生を支えてくれたボランティアさんやヘルパーさんなど、たくさんの人たちとの絆、組織のトップとしての責任についてなど、当時の私が「誰かに伝えたい」と思ったことの、ほぼすべてが語られています。

ただ、本書内で何度か述べているように、最近体調の変化を感じるようになりました。入院も何度か経験しました。

いま私にもしものことがあれば、『えがお』と『夢ハウス』がたいへんなことになります。

そのため終活を開始し、多方面から動き始めたのですが、思うように進みません。

ですが、これらを解決しなければ、職員と利用者の生活を守り続けることができません。

そこで令和3年の秋、弁護士さんと相談をしながら、公正証書を作成しました。

すると、自分がどこに向かって何をするべきかが明確に整理でき、未解決の課題がさらに重大なものに感じられて、ますます焦りが強くなっていきました。そのストレスでご飯が食べられなくなったり、体調を崩したりしては、「このまま倒れるわけにはいかない」と気力を振り絞って復活する。そんなことを繰り返しています。

『えがお』も『夢ハウス』も、たくさんの人に協力していただき、ここまで成長しました。その感謝と責任を次の代にしっかりと伝えて、これからも職員と利用者さんを守ってほしい。心からそう思っています。ですが――


そもそも、なぜ私はここまで事業を伸ばせたのか。

なぜ、このような考え方をするのか。


一度、冷静に分析をして、これらを明らかにすべきではないかと思い立ちました。

「使う者の身になって働け。働く者の身になって使え」

子どもの頃に母に言われ、今もはっきりと覚えていて、折に触れて思い起こしている言葉です。

経営者である私の身になって働いてもらうには、私のことを知ってもらわなければいけません。筋ジストロフィーを発症した後のことは前著でほとんど語っていますが、幼少期の出来事はあまり触れていませんでした。

自分の性格や考え方の根っこは、どこにあるのか。考え、思いを巡らせたとき、親や祖父母、会ったこともない親戚にまで繋がりました。私が経営者としてここまでやってこれた素質は、先祖から受け継いだものだったのです。

そんな新しい発見も含めて、私自身のことや伝えたいことを、できるだけ形にしておかなければと思い、後編として長い文章を残すことにしました。

それらをたくさんの人に知ってもらうことで、何かが少しでも明るい方向に変わっていく、そんなキッカケになれたら嬉しく思います。

【幼少期から中学卒業まで】

鳥取市末広町での母との生活

私が生まれたのは、戦後間もない昭和21年です。

小柴家には古い家と畑がありましたが、母は農業からは離れて、当時繁華街だった米子市の末広町で料理屋を営んでいました。そのため、幼い私の面倒を見ていたのは、主に母が雇った子守りの人と、近所の人たちでした。

家から少し離れたところには、母の店と、映画館と駄菓子屋さんがありました。私は母から毎日十円札をもらって、その数十メートルの小さな世界を好き勝手に、自由に遊んでいました。

十円札を握って向かった先は、駄菓子屋さんです。お菓子を買うためというよりも、店のおじさんとおばさんに会いたくて、毎日通っていました。おじさんとおばさんの顔は、今でもうっすらと覚えています。

そのあとに、映画館に足を運んでいました。映画を観たかったのではなく、映画館という場所そのものが好きで入り浸っていました。館長さんも「近所の子どもが、毎日出入りしている」くらいの感覚で、見守ってくれていたのだと思います。

大変な事件もありました。

何歳のときかは忘れましたが、店の裏のトイレに入った時、和便器を跨ぎきることができずに片足を落としてしまい――「あっ」と思う間もなく、真っ暗な穴の中へ……。その瞬間の驚きと恐怖はしっかりと記憶に刻まれているのですが、後のことは、ショックのせいかあまり覚えていません。隣の果物屋のおじさんが私を見つけてくれたときは、ほぼ全身、トイレにはまっていたそうです。それから毎日、温泉に行って身体を洗いました。

母は当時のことを話すとき、「あのときは一週間、あんたから臭いがとれなかった」と、いつも笑っていました。このときに、私には強烈な〝ウン〟が付いたのだと思っています（笑）。

子どもの頃の私は、大人しくて、辛抱強くて、しゃべらない子どもでした。部屋で一人で本を読み、行動するときも一人で動いていました。

ですが、負けん気の強さや、自分でやろうとする力は、人一倍強かったようです。

いつだったか母が笑いながら教えてくれたのですが、私は3歳くらいのころ、黒い鞄を提げている男の人を見かけると

「おかあさん、ゼイムショの人が来た、ゼイムショの人が来たよ！」

と、大慌てで母に知らせていたそうです。自営業の母が税金で苦労している姿を見て、「ゼイムショの人が母を困らせている」と思い込み、幼いなりに母を守ろうとしていたのかもしれません。

小学校でも、白いブラウスを着て行ったある日、クラスの男の子にクレヨンで服に落書きをされて、カッとなって「何するの！」と、大声でケンカを売りました。中学卒業後に洋裁学校に通うことになるのですが、洋服を大事にするという感覚は、すでに身についていたのでしょう。

それというのも、母はいつも身なりをキレイに整えているオシャレな人で、娘の私にも洋服を仕立ててくれたり、たくさんの着物を着せてくれたりしてくれたからです。

また、当時の鳥取では珍しい、パーマを当てさせてくれました。母は私の髪型を、少女雑誌の表紙を飾っていた松島トモ子と同じヘアスタイルにしました。一方で、流行を追うばかりではなく、かわいらしい赤色が流行っているときに男の子のような格好をさせた

り、既製品ではなく仕立てた服で小学校に通わせるなど、「人とは違うオシャレ」にこだわる人でもありました。

ですが、甘やかしてもらったわけではありません。ずいぶん厳しくしつけられました。幼い私にとって母は絶対的な存在で、逆らうことはできませんでした。

鳥取から大阪まで、一人で汽車で移動させられたこともあります。まだ蒸気機関車が主流の時代ですから、８時間くらいかかる旅でした。でも、向かいの席に座っていたご夫婦が「一人で偉いね」とみかんをくれたり、優しく話しかけてくれることが多かったので、寂しさや不安よりも、楽しさや嬉しさが勝っていました。

この歳になって振り返れば、母のことは誇りに思えるし、感謝もしていま

幼いころの私と、厳しくとも大好きだった母

す。きちんとしつけてくれたからからこそ、今の私は、皆さんに恥ずかしくない状況で生活することができるのです。

父のこと

父の記憶は、ほとんどありません。私が2歳くらいのときに別れたそうです。

末広町は小さな町ですから、自転車を押して歩いていた父とすれ違ったことがあります。父の顔は写真で知っていたので、「あれ？　もしかしたら」と思いましたが、そのとき一緒にいた祖母は、何も言いませんでした。

そのため、父のことは母の話の中でしか知りません。母が言うには、父はとても大人しくて穏やかな人だったそうです。

「このバスに乗り遅れたら、あと何時間も待たないといけない！」

という状況で、家の2階からバス停にバスがやってくるのが見えても、

「ああ、バスが出たな」

と、慌てず騒がず、のんきに呟いていたそうです。

また、鉄職人という仕事柄、ひじょうにマメな一面もあったようです。父の話を聞きながら、私は子ども心に「私は父と母の両面を持っているんだな」と感じていました。負けん気の強さは母方、大人しくてマイペースなのは父方。ものを作るのが好きなのは父譲りで、商売の流れに敏感なのは母譲り。それぞれにいい面をもらって、私の性格は形作られていったのです。

祖父母ときょうだいたち

１０歳くらいのころ、母の店はますます繁盛して忙しくなり、週末はいつも祖父の家に預けられていました。

祖父の家へは、長い時間バスに乗って行きました。繁華街にはない、豊かな田園風景が広がる土地です。バス停の風景や、前が飛び出しているボンネットバスの姿などは、今もはっきりと思い出せます。

祖父の家には、２人の姉と1人の兄がいました。上の３人きょうだいは祖父母に育てられ、私だけが母と暮らしていたのです。これには少し、複雑な事情があります。

母には2人の弟がいたそうですが、ともに戦争で亡くなったので、小柴家の跡取りは母でした。父は小柴家の婿養子だったのですが離婚してしまい、母は町で商売を始めたため、祖父は代々の家と畑を「孫に継がせる」と決めたそうです。

母は商売が忙しくて子育てに手が回らず、祖父は「跡継ぎが欲しい」と思っていたため、姉と兄は祖父母の家で育てられました。生まれてきた孫は2人続けて女の子で、3人目でやっと男の子が生まれたため、私という4人目の孫が生まれたときには、祖父はもう歳をとっていましたし、おそらく「千鶴くらいは、自分で面倒を見ろ」と、母に言ったのだと思います。

育った環境も性格も異なり、幼い頃は一緒に過ごす時間が短かったため、きょうだいとの思い出は、あまりありません。お正月に帰ったときは祖父が孫全員にぽっくりを買ってくれたり、お盆にはお墓の掃除を一緒にしたり、浴衣を着せてもらったりしました。そんな記憶はあるのですが、そこで姉や兄と親しく遊んだ記憶はありません。仲が悪いわけではないのですが、お互いに普通のきょうだいのように接することができなかったのです。

上の3人は「おじいちゃんとおばあちゃんの子ども」で、私は「お母さんの子ども」という区別がありました。下の姉には「あんたは他人みたい」とハッキリ言われたこともあります。

幼いころ、祖父母は私を畑に連れて行って、子守りをしてくれました。祖父母が農作業をしている間、私は筵（むしろ）に座って、何時間も大人しく待っていました。

「この子は何も言わずに座ってる。黙って待つように言ったら、本当に無言でじっと待っている。辛抱強くて大人しい子だ」

祖母はそんなふうに、よく私を褒めてくれました。母がとても厳しい人だったので、私は祖母のほんわかとした雰囲気がとても好きでした。

それでも、やはり小柴は厳しい血筋なのでしょう。パーマ頭で行くと「そんな頭では恥ずかしいから、すぐに切りなさい」と怒られましたし、祖父より先にお風呂に入ったり、祖父より先に新聞を読んだりすると、きつく叱られました。

祖父は厳しくものを言う人で、祖母はじっと耐える人でした。

「一に辛抱、二にも辛抱」

これが祖母の口癖でした。私の辛抱強さは、間違いなく祖母譲りです。

そして、整理整頓にうるさいところは母の弟、叔父さんに似たのだと思います。会ったことはないのですが、母が言うには、自分が置いたものを少しでも勝手に動かしたら、すぐに気づいて怒るような人だったそうです。

私も整理整頓は子どものころから身についていましたが、自分で体を動かせなくなり、一から十までヘルパーさんに何をどこに片づけるのか指示しなくてはいけない状態になると、自分が思っている場所にそれがなかったり、必要としているものがすぐに出てこないと、イライラしてしまいます。

でも、そういう性格だからこそ自分が動けなくても会社を維持できたのだと思うと、会ったこともない叔父さんへの感謝の気持ちが湧いてくるのです。

祖父母は農業をしていましたが、祖父の前の代までは、近隣集落の庄屋だったそうです。確かに隣の集落には小柴という苗字がたくさんありました。また、小柴家が所有している山には白兎神社があり、そこから石棺がでてきたので、かなり古い家であると思われます。

加えて、叔父さんは出兵する前に昭和天皇の近衛兵を務めていました。近衛兵になる人物の家柄は、かなり遡って調査されるはずなので、やはり由緒ある筋なのでしょう。祖父母の家には褒章もたくさんありましたから、調べてみれば、他にもいろいろと出てくるのかもしれません。面白いですね。

母を思う

祖父の家でも、私はいつも整理整頓を心がけて、毎日掃除をしていました。母に「掃除しなさい」「着物を畳みなさい」と、厳しくしつけられたことが、しっかり身についていたおかげです。

私が目を離しても問題ない年齢になると、祖父母は孫たちを置いて畑に行くようになりました。きょうだいはよく外で遊んでいましたが、私は家に誰もいなくなると、姉たちが縁側に散らかした本を片付けたり、畳や縁側の拭き掃除をしていました。そしてキレイになった広い和室に大の字になって寝ころんで、風に当たりながら「きもちいいなー」とリラックスしていました。時にはお人形を作ったり、一人で山を歩いたりもしました。

食べ物の心配も、お金の心配もない、穏やかな毎日でした。

ですが、祖父母に甘えることはできませんでしたし、きょうだいとの関係も相変わらずでした。そのため空を見上げては、

「この空の下に、お母さんがいるんだな。お母さんに会いたいな」

という気持ちでいっぱいになりました。

鳥取大火

そんな日常は、昭和24年4月17日の大火災で、全て焼けてしまいました。家も店も写真も、全部です。炎は袋川を越えて、鳥取城の方まで広がりました。

その日、私は祖父母の家にいました。ちょうどお祭りの日で、多くの人が集まっていたのですが、誰かが「火事だ！」と叫び、みんなが一斉に高台に上っていきました。かなり距離があるはずなのに、高台の上からはハッキリと煙が見えました。

「これは、大きな火事だぞ……」

楽しいお祭りの空気が一変して、不穏なざわめきが広がりました。あのときの光景と、いいようのない不安は、忘れられません。

幸い、母は無事でした。家も店もなくなってしまいましたが、4月は田植えの時期で祖父母も忙しかったため、私は母のもとに返され、しばらく小学校の体育館の避難所で過ごすことになりました。

その後、火災で焼け出された人のための復興住宅が建てられました。私と母も、そこに2年間住みました。

復興住宅に住んでいる人は仕事をしてはいけないのですが、母は台所を建て増ししてカウンターを作り、お客さんにお酒を出す商売を始めました。狭い家に何人ものおじさんがやってきて、酔っぱらってコップを叩いたり、夜中まで騒いだりすることは、私にとっては迷惑なだけでした。しかし、母は何とか自力で生活の糧を手に入れようと、必死に努力していたのです。

その後、母は再婚しました。

2度目の父の仕事で、私は初めて大阪に行くことになりました。その後、復興住宅に戻ることはありませんでした。

大阪に出かける日、復興住宅の前に、きれいなコスモスが咲いていていました。

その印象が強く残っているため、今もコスモスを見ると、悲しい気持ちになります。大阪に出発したあの日から、私と母の生活は大きく変わりました。その生活は、火事の前の日々と比べて、あまりに大きな差があったのです。

「千鶴、死スヨリ他ナシ」

「大阪に集金に行くから、一緒においで」

2度目の父はそう言って、母と私、そして兄を連れて、大阪に行きました。お金はすぐに集まると思っていたようですし、自分の仕事を子どもたちに見学させたい気持ちもあったのでしょう。私と兄はちょうど学校が夏休みに入ったので、大阪見物に行くような軽い気持ちで付いて行きました。大阪はネオンがきれいで、初めのころは私も兄もはしゃいでいました。

ところが、お金はなかなか集まりませんでした。秋になっても集金できなくて、兄は先に祖父母の家に帰りました。私はまだ小学1年生だったので、学校に行かなくても大丈夫だと思っていたのか、祖父母に引き取ってもらうことを遠慮していたのかは分かりませんが、母はぎりぎりまで私を連れて歩きました。

手持ちのお金は減る一方で、一日1食しか食べられない日もありました。私は育ち盛りだったので、母は時々、私を食堂に連れて行ってくれました。そこの味噌汁がすごく美味しくて、私はその食堂に行くことが唯一の楽しみでした。

季節が秋から冬に変わり、空気が冷たくなっていきました。私たちの服装は夏服のままだったので、寒くて、百貨店に行ってヒーターの前で過ごしたこともありました。先の見通しが立たない中で、母は祖父母に「千鶴、死スヨリ他ナシ」と電報を打ったそうです。その電報を見た祖母が大きなお金を送ってくれたので、私は祖父母の家に帰ることができました。私と祖母は津山で合流して、母は米子に行ってしまいました。

私はそのまま祖父母の家で、小学3年生の半ばまでお世話になっていました。田舎は食べ物がたくさんあって、穏やかな毎日が続きましたが、私は風邪をこじらせて腎臓を悪くしてしまい、8カ月も入院してしまいました。

その後、私は米子にいる母に引き取られました。

「一緒に、死のうか」

戦争が終わって間もないころは、日本全体に「復興しよう」という流れがあり、母はその波に上手く乗って、店を繁盛させていきました。しかし、火事で一度すべてを失い、また一から始めるのは、そうとう難しかったようです。私を引き取ってからも生活はなかなか安定せず、小学校で使うハーモニカひとつ買うことができなくて、苦労していました。

それでも母は、私にしっかりと勉強をさせようとしてくれました。腎臓の治療のために8カ月入院したとき、転校先の先生が「進級してもいいですよ」と言ってくれたのですが、母は、「いいえ、ちゃんと一年、学校に通わせます」と言って、断りました。

そして私が勉強に遅れないように、お金がない中でも学習塾やそろばん塾に行かせてくれました。すぐには買えなかったハーモニカも、どうにか工面して授業に間に合わせてくれました。


米子の小学校に転入した私は、初めて仲の良い友だちが5人もできました。もともと一人遊びが好きで友だちが少ないタイプだったのですが、10歳という多感な時期だったことと、母の側に居られて安心したためかもしれません。

そのころは先生の家の2階を借りて暮らしていたのですが、私が自分の生活について友だちに話すと、一番仲良くしていた友だちが「部屋が余ってるから、うちにおいでよ」と言ってくれたのです。

その子の家はとても大きくて、私と母は八畳の部屋にしばらく住まわせてもらいました。具体的な時期は覚えていないのですが、美智子妃殿下の結婚式の報道をその子の家のテレビで見た覚えがあるので、昭和３４年の4月10日、つまり中学1年生になったばかりのころは、まだお世話になっていたのでしょう。

部屋には簡単な台所があり、隣にはお風呂もありました。私はたまにお風呂に入らせてもらっていましたが、母は気を遣って、皆生温泉まで行っていました。裏には小さな野菜畑があり、「いくらでも食べて良いよ」と言われていましたが、母はやはり遠慮していました。畑の野菜を食べさせてもらったのは、たった一度だけです。パセリを少しだけとって、醤油につけて食べました。今も、パセリを見るとあのころのほろ苦い思いが蘇ってきます。

母は何とか自力で生活を立て直そうとしていましたが、結局、立ち上ることができませんでした。やがて精神的にも追い詰められて、持ちこたえられなくなってしまい、私に言いました。

「自殺しようか。一緒に、死のうか」

私は負けん気が強く、もう物事がわかる年齢であったため、

「死なない。私は若いから、まだ死なない」

と、はっきり返しました。

母はその答えで、自殺を思いとどまってくれたようです。それでも私を育てるだけの力をつけることはできなくて、中学1年生の1学期の終わりに、私はまた祖父の家に戻されました。

あのころ仲が良かった5人のうち、2人の友だちとは、数年前まで連絡を取り合っていました。鳥取のイベントで、そのうちの一人と再会し、懐かしくて「また5人で会いたいね」と話をしましたが、まだ実現していません。

再び、母の元へ

物心ついたときから母は仕事が忙しく、一緒にいられる時間はごくわずかでした。私は幼いころから可能な限り母にくっつき、母がいない間は「早く帰ってこないかな」と一人遊びをしながら待っているような子どもでした。

ですから中学生の3年間は、ただただ、母を恋しく思っていました。母と一緒にいたいという気持ちばかりで、女子がたくさん集まってワイワイと楽しくお喋りしている場所は自分の居場所ではない気がして、近づくことができませんでした。

また、私はいつも洗濯のりをつけてアイロンをかけた、しわひとつない服で学校に通っていました。人と競うことも好きではなく、学校に誰よりも早く着いて、ゆっくりと授業の準備をしていました。自分のペースを貫く性格だったので、周囲からは少し浮いていたかもしれません。

「あっちが大阪かな。早く大阪に行きたい。お母さんのところに行きたい」

3年生になっても、高校への進学も、就職先を探す気も起こらず、毎日母を思いながら東の空を眺めていました。勉強が嫌いだったわけではありませんが、住んでいた家を火事で焼け出されて、生活を立て直すために親の仕事について回る日々を送っていたため、「勉強したい」「進学したい」「就職したい」の、どの気持ちも湧いてこなかったのです。学校側もなかなか親と相談することができず、困っていました。

当時は高度経済成長期だったため、高校に行かない子どもの多くは紡績会社に就職していました。会社が、工場勤務の職員を夜間高校に通わせるとPRしていたからです。

ですが、私にとっての一番は母だったので、その選択肢も頭にありませんでした。最終的には母が洋裁学校に入学する段取りをしてくれたため、大阪の洋裁学校に通うことになりました。
積極的に洋裁の道を選んだというわけではなく、幼いころから人形や人形の服を自分で作っていたので裁縫が得意だったこと、私が母のいる大阪に行きたがっていたこと、70歳を越えた祖父母が自分の家から孫を通学させることに限界を感じていたことなど、いろいろな要素が混ざり合って、自然とその道ができたのだと思います。

【洋裁学校時代】

洋裁学校へ入学

私を大阪に呼び寄せたとき、母の生活はいくらか安定していたようです。母は2度目の父とともに大阪でラーメン屋台を営み、さらに和裁ができたため、舞台用の衣装を縫ったりしていました。しかし、入学式の準備はできていませんでした。
私は洋裁学校の入学式にどんな服を着ればいいのか分からず、服も中学校の制服くらいしか持っていませんでした。考え抜いた末に、セーラー服の白い線を取って着ることにしました。なぜそんな発想に行き着いたのかは我ながら分かりませんが、細かな糸くずまで全部取り去り、アイロンをかけてきれいに仕上げました。今、その入学式の写真を見ると「可愛いけど、ちょっと恥ずかしいな……」という気分になります。

洋裁学校には、3年間通いました。

はじめの2年間は、田中千代服装学院という普通の洋裁学校です。

当時は洋裁学校に通うことは花嫁修業の一つであり、生徒の半分くらいは嫁入り前の良家のお嬢さんでした。残りの半分は、洋裁で身を立てようとしていた人と、とくに目的はないけれど流行に乗ってみた人たちです。

3年目は伊藤茂平衣服研究所（後の女子美術洋裁学校）で、デザインや設計図（型紙）、立体裁断などを学びました。

現在の専門学校や大学のようなレベルの高い内容で、洋服店を経営している人やその跡継ぎが通う、プロ集団のための学校でした。私が行きたいと希望したわけではないのですが、なぜか、母は私をそこに通わせました。

私は真面目な性格だったため、洋裁学校に行っている間は一生懸命に学び、服を作っていました。スーツやブラウス、スカートなどを3日に1着くらいのペースで仕立てていたと思います。自分のサイズに合わせて洋服を作ったり、母のために洋服を作ってあげたりしました。姪に子ども服を作ったこともあります。

布地が次から次へと必要になりましたが、幸いなことに上の姉が

「こういうデザインの服がほしいから、作って」

「心斎橋のとらやで素敵な生地を見つけたから、一緒に買いに行こう」

と、材料費を出して自分の服を私に縫わせてくれたので、かなり助かりました。

いつも着る人の希望に添ってデザインしていたため、私が作る服には特徴らしい特徴はありませんでした。自分用の服には多少の個性が出ていたかもしれませんが、姉の服を作るときは「こんな風にして」という注文どおりに作ったり直したりしました。

普通は「こっちの方がいいと思う」と自分の意見を主張するものなのでしょうが、私はその気が全然ありませんでした。自分の好みを押しつけるより、着る人が気に入ってくれる服を作ることが、楽しかったし、嬉しかったのです。

学校への行き帰りに寄り道などしたことはなく、布地を買いに行くときも近鉄や松坂屋

の売り場に一直線に向かい、目的のものを購入したらまっすぐ帰って来ました。

遊ぶことは一切なかったため、友人と呼べる存在は「岡さん」という女の子だけでした。名前も顔も、まだしっかりと覚えています。先生はよく生徒を京都に連れて行っていたのですが、そのときも私は岡さんとだけ写真を撮っていました。

2年目の終わりには、舶来品を扱う店で縫い子さんの補助のアルバイトをしました。

さまざまな生地や服に触れて、プロの縫い子さんの仕事も見ることができて、すごく勉強になりました。

リボンレースという高級な生地を扱わされたときは、ひどく緊張しました。リボンレースを使っ

洋裁学校の卒業式。最前列の左から3番目が私

た服は、少しでも下手に切ってしまえば、すべて台無しになってしまうのです。縫い子さんに「失敗しないように」と言われて身が引き締まったときの感覚は、いまだに記憶に残っています。

洋裁学校を卒業して一般企業に就職した後も、洋服は作っていました。

夫の洋服を作って喜んでもらったときは、「洋裁を習って、本当に良かった！」と思いました。

これは少し自慢ですが、夫のために作った服のうちの一着は、今も大切にタンスに残しています。４０年以上経つのに、型くずれも色落ちもほとんどありません。

当時の値段で８千円もする高級な生地を自腹で購入し、大切な夫のために丁寧に縫ったものです。夫もその服をとても気に入って毎日着ていましたが、決して脱ぎ捨てたりはせずに、大切に扱ってくれました。

きちんと縫って、大切に扱えば、年数が経っても服はきれいなまま残ってくれるものなのです。

夫の服と自分の服をたくさん作って、いろいろな場所に行った

2度目の父の失踪

母と再婚した2度目の父は、いろいろと訳ありの人だったようです。大阪で集金できずに、私を祖父母の家に帰した後、どこで何をしていたのかは今もよく分からないままです。洋裁学校3年目の終わりごろ、皆生温泉で観光用の小冊子を作り、そこに旅館などの宣伝を載せてお金をもらう商売を始めようとしていましたが上手くいかず、経緯はわかりませんが警察のお世話になるような事態になってしまい、母と上の姉と一緒に、岡山まで面会に行ったことがあります。

その後、行方をくらませてしまいました。

下の姉が反発していたこともあって、一度も「お父さん」とは呼ばずに、ずっと線を引いていました。

実の父の姿を見たのも4回くらいで、もちろん言葉を交わしたこともなく、「お父さん」と呼んだこともありません。

そのあと、私は29歳も年上の男性と一緒になるのですが、その気持ちの中には、父性への憧れがあったのかもしれません。

家出とレジ打ち

２度目の父が失踪した後、母は女ひとりでラーメン屋台を引くことが難しくなってしまいました。しばらく悩んでいましたが、ある日「おでん屋をやるから、手伝って」と、私に言いました。

さすが商売人というべきか、決めてからの母の行動は実に素早く、あっという間におでん屋台一式を用意してしまいました。

母のおでん屋には、すぐに多くの人が集まるようになりました。私は洋裁学校とアルバイトに行く合間をぬって、市場への買い出しや下準備などの手伝いに励みました。おにぎりが早い時間になくなれば、母に言われなくても家に帰ってご飯を炊いて、自転車で飛ぶように屋台に戻るという働きっぷりをみせました。

ですがあるとき、事件が起こりました。

小柄な私が一所懸命に母の手伝いをする姿を見て、あるお客さんが、優しく声をかけてくれたのです。ただそれだけだったのに、母は大きな誤解をして、楽しく飲み食いしていたお客さんたちの空気が凍りつくような、嫌な言葉を吐きました。

私は元来がまん強い性格なのですが、こういうときには短気になってしまいます。母を強い言葉で非難し、家を飛び出しました。

母の元を離れた私は、大阪の天下茶屋のアパートに住んでいた上の姉に頼んで、まず住まいを確保しました。アパートの屋根裏、畳三畳の一部屋で、人生初めての一人暮らしをスタートさせたのです。

家賃を払う必要があるため、仕事も探しました。幸い、すぐに寸法直しの人材募集が見つかったのですが、何の間違いが起こったのか、同じ会社内のスーパーのレジ打ちに回されてしまいました。

入社して1週間くらいは、レジ打ちの訓練をさせられました。山のように商品を渡されて、それらの値段を打ち込んでいく訓練と、画用紙の端から端まで書かれた数字を合計して、渡されたお金から暗算でおつりを計算して返す訓練などです。徹底的に叩き込まれたため、しばらくはテレビや町で数字を目にすると、反射的に頭がおつりの計算をしていました。

進物の時期にはのしに文字を書いたり、包装の仕方なども学ぶことができたため、いい勉強ができたと思います。

しかし、料理を作るのは苦手で偏った食生活をしていたこと、不摂生を繰り返していたことから、8カ月で結核にかかってしまいました。医者から「1カ月は安静にしてください」と言われてしまいましたが、1カ月も仕事を休んでしまえば、生活ができないし、家賃も払えません。

仕方なく、母がいる家に戻りました。

じっとしていることが性に合わないためか、治るまで1カ月かかると思っていた結核を私は1週間で治してしまい、一人でおでん屋を切り盛りする母の姿に刺激を受けて「私も、もっともっと働きたい！」と勤労意欲に燃えました。

そこで、兄が勤めている会社、丸玉観光株式会社の面接を受けて、採用されました。

姉と兄への感情

火事が起こる前は、母はいつも私にオシャレをさせてくれました。しかし下の姉は、上の姉のおさがりばかりを着ていました。また、上の姉はよく祖父母にワガママをきいてもらっていたので、そのしわ寄せは必然的に下の姉が引き受けていました。そのため、私が母に甘やかされているように見えて、複雑な気持ちを抱いていたようです。

母が再婚したときも、「あんた、あの人のことをお父さんって呼ぶつもり？」と、ひどく冷たい声で言われて、答えることができませんでした。大人になってから下の姉に「あのころ、頑張っていたよね」と言うと、「見ていてくれたの？」と、驚いた顔をしていました。

そのときは少し心が通じたように思えたのですが、下の姉はいろいろな面で、いいかげんなところがありました。ある日、私の元に三重県から住民税２０万円の督促が届きました。当時、下の姉が三重県に住んでいたため連絡を取ったところ「働くために年齢を誤魔化したくて、あんたのほうが若いから生年月日とかを使った」と悪びれることもなく言ったため、心底呆れました。


上の姉は、大雑把なところはありましたが、頭の回転が早く、面倒見がよくて、誰に対しても公平でした。私と同じように筋ジストロフィーを発症してしまいましたが、８０歳まで生きました。

二人の娘がおり、幼い頃から下の娘が面倒を見ていたようです。学校の昼休みにトイレ介助のために帰宅したり、中学卒業後は進学せず一生懸命働いて、財政面でも支えていました。結婚して大阪に行った後も放っておけなくて、生活に必要なものをたびたび送ったり、定期的に帰ったりして、援助していたのだと思います。

しかしそんな娘の献身に、上の姉は十分に応えなかったようです。詳しい事情は知りませんが、上の姉の死後、その娘は財産を放棄し、小柴家との縁を切るために裁判所に通っていたようでした。上の姉がどのような気持ちで娘と接していたのかはわかりませんが、母親に一生懸命尽くしたのに報われなかったのだとしたら、残念でなりません。

兄も、基本的には努力家でした。工事のアルバイトをしていた17歳のとき、雨の日に鉄材と一緒に落ちてしまい、生死の境を彷徨いました。なんとか一命を取り留めたものの、股関節に障害が残り、足が曲がりにくくなってしまいました。しかし兄は、必死でリハビリをしました。自分で砂袋を作って、家の縁側で毎日トレーニングをしていました。また、当時はまだ洋式便器がなかったため、椅子を改造して洋式便器に近いものを作り出し、自力でトイレの問題を解決してしまいました。

「どうにかしてみせる」。あのころの兄は、いつもそんな顔で頑張っていました。諦めず、努力を怠らない兄を、私は密かに尊敬していました。

ですがその気持ちも、自分が商売をやるようになって、少しずつ変わっていきました。

上の姉は人が良く、知り合いや友人は多かったのですが、お金のことはまったくだめでした。下の姉も、自分から動くのではなく、棚からぼた餅が落ちてくるのを待っているような性格でしたので、やはり商売には向かない人でした。

唯一、兄だけが鳥取で8軒の店を経営し、勢いある商売人になりました。ですが、お世話になった人への感謝の気持ちを忘れ、自分の商売のことだけを考えるようになったため、店はすべて潰れてしまい、自己破産しました。財産が没収されていく経過も目にしたので、私は「兄のような経営者にだけはなるまい」と、心に刻んだのです。

【夫との出会い・仕事】

高度成長期の就職

丸玉観光株式会社は、大きな会社でした。滋賀県の大津市にあった「びわこ温泉　紅葉パラダイス」は、温泉施設と遊園地が一緒になった有名な大型レジャー施設です。その他にも、滋賀、大阪、京都などに、ゴルフ場やホテル、ビリヤード場、ボーリング場、中華料理屋などの多種多様な業種を展開していました。

私は勤めていた5年間、ホテル以外のほとんどの店で、受付やレジの応援などの仕事をさせてもらいました。タクシー通勤をさせてもらえるし、職場にいるのは若い人ばかりだったので、すぐに楽しく働くことができるようになりました。

また、お給料もボーナスも、すごく良かったです。スーパーのレジの仕事は８千円程度の給料でしたが、丸玉観光に就職し

受付の仕事（画面中央）

た途端に約二倍になり、さらに2万円のボーナスまでもらえました。私は中卒だったのに、当時の大卒くらいの給与額です。好景気で、事業がいくらでも伸びる時代だったお陰でしょう。

みんな「働け働け」「遊べ遊べ」で、活気に満ちた時代でした。本当に楽しかったです。会長の８８歳の誕生日を祝うイベントでは社員全員が大阪に集まり、「私はこんなに大きな会社にいたのか」と驚いたことも忘れられません。

そして、御堂筋に勤務しているときに、夫と出会いました。

２９歳年上の男性

夫は芸妓さんが利用するような一流料亭「大和屋」の板前で、同僚の女の子と二人で店に行ったときに、向こうから声をかけてくれたのです。

職場の眼と鼻の先だったこともあり、私は頻繁に通うようになりました。夫は２９歳も年上でしたが、私にはその年齢差が「頼りになる人」「安心できる人」と感じられて、すぐに「この人と一緒にいたい」と思うようになりました。

もちろん、若い娘の感覚ですから、結婚や後々の人生まで、深く考えていたわけではありません。夫は戸惑っていたようですが、そのうちに外で会ったり、送り迎えをしてもらうようになりました。

そのころ、付き合っていたわけではありませんが、私に思いを寄せてくれている別の男性がいました。その男性とは年齢も近いし、普段は仲良くしているのですが、一緒にいるところを母やきょうだいたちに見られると、妙な居心地の悪さを感じました。

「この人は、私の未来の旦那様ではない気がする。……でも、あの人とは２９歳も離れているし、どうなんだろう」

一人で迷っても答えが出なかったので、ある日、思い切って占い師さんにみてもらいました。その占い師さんは、ハッキリと言いました。

「こっち（夫）の方ですね」

「えっ、２９も歳が離れているのですが……」

「それでも、夫になるのはどう見てもこっちの方です。あと、あなたは数字に強い人ですね」

「ええ？　確かにソロバンは習いましたが、私、中学しか出ていないんですよ？」

「いずれ、分かります」

そのときは半信半疑だったのですが、こうして振り返れば、夫のことは言われたとおりで間違いなかったと確信できます。数字に強いという件についても、今、私がふたつの会社を黒字経営できているということは、そういう要素があったのでしょう。

あのとき占い師さんの言葉をすべて信じたわけではありませんが、言われたことは、胸のどこかにずっとしまっていました。だからこそ、辛いことがあっても夫と一緒に頑張ることができたし、会社を続けていく自信も生まれたのでしょう。その後、一度も会うことはありませんでしたが、あのときの占い師さんには、今も感謝しています。

「逃げてきた！」

夫と私は一緒に住んでいたわけではないのですが、女性しか入れない私のアパートに夫が顔を出しているのを兄がたまたま見て、大きな勘違いをしてしまいました。

「あんなに歳が離れている男と一緒に住むなんて、お前はおかしい。今すぐ鳥取に戻れ」

目の色を変えて迫ってきた兄に、私は「まずい」と感じて一日中逃げまわりましたが、最後にはアパートの前で一晩中待っていた兄に捕まってしまいました。

私は何も悪いことはしていないのですが、道の真ん中で、ものすごい勢いで顔をひっぱたかれました。鼻血が出て、通りがかった人が驚いた顔をしていましたが、兄はまったく気にせずに私を睨んでいました。母も駆けつけていたため、完全に逃げ道は塞がれてしまいました。

「何も用意しなくていい、行くぞ」

問答無用の口調にむっとして、せめて貴重品だけは持たせてほしいと頼み、私は部屋に戻りました。ボストンバックに貴重品や自分が作ったスーツなどを詰めている間、「どうしよう、どうやって逃げよう」と、頭の中で考えていました。

ふと見れば、隣に母がいて、私のミシンや服など、部屋の中の荷物を次から次へと段ボール箱に詰めていきます。聞けば、私が逃げ回っていた昨日のうちに、兄と母は私のアパートもパートも解約して、私を鳥取に連れ戻す段取りを進めていたのです。

腹が立ちました。兄も母も、私の話を聞く気などまったくないのです。勝手に決められたことがすごく悔しくて、「隙を見つけて絶対に逃げてやる」と思いました。

その後のことは、あまり記憶に残っていません。自分で言うのも何ですが、私は普段は大人しく、素直で従順です。自分の意志を主張したり、誰かに逆らうことはほとんどありません。でも「こうする」と決めたら、絶対に折れません。しかも、たいていは無言のうちに決心しているので、突拍子もない行動に出て、周囲を驚かせることが多いようです。

神戸の兄の家に到着したときは、夜になっていました。

「今夜はうちで寝て、明日、鳥取に帰るぞ」

兄はそう言って、兄、兄嫁、私、母親の順番に布団を敷きました。

「今だ。今夜中に逃げないと、逃げ道が確実になくなる」

前の晩は公園で夜明かしをしたので一睡もしていないのですが、眠っている時間などありません。外が明るくなりはじめたころ、服と鞄と靴を持ち、玄関の鍵はガチャガチャと音がするので、トイレの窓から外に出ました。靴を履く間も惜しんで国道まで裸足で走り、タクシーを止めて「大阪まで、急いで！」と叫びました。

ただならぬ様子にタクシーの運転手さんは驚いていましたが、早朝で道が空いていたため、天王寺まで飛ばしてくれました。まずお風呂屋さんに行き、二日間洗っていない顔と体をさっぱりさせてから、夫に電話をしました。

「逃げてきた！」

もちろん、夫は意味が分からず、驚いていました。

一緒に住むことを決めた

母と兄から逃げてきた私は、夫と合流して事情を説明し、ホテルに入れてもらいました。ですが、働かなければ所持金は減る一方です。アルバイトを探してウロウロしていると、見知らぬ男の人に声をかけられました。

「お姉ちゃん、新しいレストランができるんだけど、ウエイトレスとして働かない？」

そんな声かけに応じるなんて危険極まりないのですが、職場と仕事内容をすぐに確認できたので、雇ってもらうことにしました。

３カ月ほど、そのレストランで住み込みで働きました。夫も何度か来てくれて、私が働いている姿を見てくれました。ずっと後になって、「あの時は、小柄な娘があまりに一生懸命働いているから、いじらしかった」と、ぽろっと言ってくれました。

母と兄は、私があまりに見事に逃げたので、諦めてくれたようです。その後、追いかけてくることも、何かを言ってくることもありませんでした。

一度だけ、母は夫に会いにきました。そのときに私がまた逃げたので、「警察に言って捕まえないと」と母が言ったそうです。それを聞いた夫は、「あの子は何も悪いことなどしていないのに、警察に連絡して自分の子どもを捕まえようとするなんておかしい。こんな親のもとにいるのはかわいそうだ。自分が助けてやらねば」という気持ちが強まり、私と一緒に住む決心が固まったようです。夫は友だちに協力を頼み、急いで家を準備してくれました。

こうして、私と夫は一緒に住むことになったのです。

ある意味、私と夫が一緒になれたのは、兄と母のおかげでもあります。子どもの恋愛に周囲の大人が首を突っ込んでかき回してくれたおかげで、私は「こうなったらこの人と一緒になってやる」、夫は「助けてやらねば」と、お互いに火がついたのですから。また、兄や母が私と夫を引き離そうとしたことで、二人にとって私が「どうでもいい存在」ではなかったとわかりました。

正直なところ「年もずいぶん離れてるし、この人といつまで一緒にいられるのかな」と思っていたのですが、年齢差と同じ29年間、私は夫と一緒に暮らしました。

ですが、籍は入れていません。私は、母と姉二人が離婚しているのを見ていたので、書類上の結婚に興味はありませんでした。書類上で夫婦になっているかどうかよりも、実際に愛し合っているかどうかのほうが大事だったのです。

だから結婚式は挙げていませんし、花嫁衣装も着ていません。それも、夫と一緒にいられるなら、どうでもいいと思っていました。

初めての経理事務

夫と一緒に暮らし始めて間もないころ、私にしては珍しく「家でゆっくり過ごすのも、結構いいものだな」と思っていました。つまり、主婦になったのです。

そのころは白い家具が流行っていたので、ベッドもタンスも白いものを選び、祖父母の家から取り返してきたミシンも白く塗ってもらってリメイクしました。また、和服を着る練習や、料理の勉強をするなど、何事もない穏やかな毎日を楽しく過ごしていました。

でも、休みのたびに私が「遊びに行こう」とせがむので、夫も困っていたのでしょう。「隣のタクシー会社が事務員を募集しているから、働かないか？」と、勧められました。

私は特に深く考えずに「じゃあ、行ってみる」と言って、家のすぐ隣にあるタクシー会社を訪ねました。

入社したその日に、本給、交通費、健康保険などの数値がずらっと並んだ紙を渡されて、

「横の列の合計は入っています。縦の列を計算して、ちゃんと数が合っているかどうか確認してください」

と言われました。

ちんぷんかんぷんでしたが、とりあえず、25人分の給料が書かれた紙が10枚あったので、250人分の給与計算をやるんだな、と理解しました。

足し算をして確認するだけの仕事といえば、その通りです。スーパーのレジ打ちをしたときに、計算は嫌と言うほどやりました。ところが250人分となると、わけが違います。仕事を進めれば進めるほど、1円合わなくなり、10円合わなくなり、どこで間違っているのかもさっぱり分からなくて、頭の中が真っ白になりました。

最初の仕事を終えるまで、3日もかかりました。

自信がなくなり辞めたいと思いましたが、ぐっとこらえて仕事を続けているうちに、徐々に間違えることなく計算できるようになりました。数字も一発で合うようになり、3カ月が経ったころには常務から
「上手くなったな」

という一言をいただきました。その嬉しさは、格別でした。

このときの経験が、いま、私の中で生きています。Excelで簡単な給与計算表を作れるようになりましたし、決算書の数字の意味も分かるようになりました。

穏やかな日々

夫は鹿児島の出身で、寡黙な人でした。私は普段は大人しく素直なので、そんな部分を気に入ってくれたようです。

夫は言いました。

「わしは運が強いんだ。板前で運転もできたから、戦争に行っても兵隊さんを乗せる車のドライバーを命じられたり、後方で働くことが多くて、前線に出ることは少なかった。だから生きて戻って来れたんだ」

「あと、大きな金を持ったことはないが、金で不自由をしたことはない」

実際に、その通りでした。夫と一緒になってからは、波風がたたない、穏やかな日々が続きました。当時の大阪は今ほど騒がしくはなく、穏やかで住みやすくて、不自由なく生活できる町でした。

私は背が低かったので、子どものように夫の背広の裾を握って、一緒に歩いていました。大阪には友人も身内もいなかったので、夫が行くところは麻雀屋でも旅行でも、どこにでも付いていきました。

昔の男の人は「男の遊び場に女がついて来るな」と言う人が多いのですが、夫も、夫の友だちも、いつも私の同行を快く受け入れてくれました。

「会長の彼女だから、しょうがないな」

包容力と統率力があるためか、友だちの間での夫のあだ名は「会長」でした。そして彼らは、夫をとても慕ってくれて、立ててくれるのです。私は「すごいなぁ」と感心し、自分も夫のような人間になりたいと思っていました。

私と、夫と、夫の友だちで、いろいろなところへ旅行に行きました。近畿圏内の観光地は、有名なところからマイナーなところまで、ほぼ連れて行ってもらいました。大阪にいる間は、仕事以外の時間は、ずっと夫と一緒にいたと思います。

小柴の家にいたころは、遊びらしい遊びは知りませんでした。夫と出会ってから、私はようやく普通の遊びを覚えたのです。

「何のわだかまりも、わずらわしいこともなく夫婦だけで過ごせたら、こんなに幸せなことはないだろうな」

そんな、自分勝手な思いを抱いたくらいです。

長い人生を振り返ってみて、この時期は自分にとって一番おだやかな、幸せな時間が流れていました。


小柴の家から逃げ出した私は、住むところも仕事も、何もない状態でした。

それでも、夫と、夫のたくさんの友人が協力してくれて、私は愛する人と一緒になり、幸せな日々を送ることができました。

それは、夫が「運が強い人」で、周りから慕われる、助けてもらえる人間だったから、私も良い影響をもらえたのかもしれません。大金を持っていたわけではないのに、たくさん旅行をして、好きな遊びをして、それでもお金に困らなかったことも、そうした運の良さや、多くの人からの人徳によって支えられていたのではないか、と思っています。

大金を持たなくても、不自由はない。

夫のその言葉は、私の中に深くインプットされました。
お金がないから、不自由が生まれるのではない。だからこそ、私は少ない年金暮らしでも努力や工夫を重ねて乗り越えることができたのです。

その後、私は26歳で筋ジストロフィーを発症し、夫はうつ病を患いました。そんな私たちがどのような生活を送っていたのかは『「あたりまえ」を取り戻す』に記した通りです。

苦しいこと、悔しいことがたくさんありました。それでも、人間としてあたりまえの生活を送るんだ、もっと安心して暮らすためにできることがあるんだと、落ち込んでも必ず顔を上げて、前へ、前へと進んできました。

その我慢強さや粘り強さ、負けん気

夫と私にとってかけがえのない「娘」だった
愛犬のトミちゃん

の強さなどは、小柴の家からもらったものでした。私に普通の幸せをくれたのは夫ですが、小柴の家も確かに、たくさんの大切なものを、私に与えてくれていたのです。

所持金1万2千円でも会社は作れる

自分が受けるべき介護を確保するためにヘルパー事業所を立ち上げたとき、私は年金暮らしで、通帳には1万2千円しかありませんでした。

このことは、いつでも、何回でも言えます。

平成１５年１２月３１日に認可が降りて、翌年の1月1日から介護サービスを開始しました。ですが介護報酬が入るのは、サービスを提供してから２カ月後です。それでは職員に給料を払えないので、行政と交渉して、サービス提供した分だけを、数日後に入れてもらえるようにしました。

「３カ月間だけですよ！」という念押しに、

「はい！」と元気よく答えて、意気揚々とスタートしました。

入ってくるお金も、支払う金額もわかっているのですから、何も不安はありませんでした。

努力はしましたが、私一人では作れなかったと思います。

運の良さはあるでしょう。当時の私の周りには、支えてくれる人がたくさんいて、すべてが上手く繋がっていったと感じました。

頭がいいからできる？

お金があるからできる？

それは違います。

頭がよくても、人に信用されなければ仕事はできません。お金は1万2千円しかなかったし、仮に大金を持っていたとしても上手に使わなければ、すぐになくなって潰れてしまいます。

私は余分なことは考えず、自分と利用者さんが安心して生活できるサービスの提供を第一に考えてきました。その結果、約2年後には200万円ほどのお金が貯まったため、これを資本金として法人化しました。ちょうど、平成18年に会社法が改正されて、一人役員でも会社を作れるようになったのです。

本当に、さまざまなタイミングが良かったからこそ、何も心配することなく会社をつくれたのだと思います。

ですから、私は特別ではありません。

行政にも「小柴さんは特別、障害がある人が誰でも会社を作れるわけではない」と考える人がいるようですが、それは違います。確かに努力だけでは無理かもしれませんが、条件が揃えば誰でも私のように、会社を興したり、仕事をしたりできるはずです。

生涯現役を目指す

体が動かなくても、私は仕事を続けますし、結果を出せるよう努力します。繰り返しますが、それは特別なことではないと思っています。

むしろ、同年代でまだ働けるはずの人たちがリタイアしていることが、私は不思議でなりません。年金等の収入で生活を維持できるとしても、もっと社会貢献したい、現役でいたいという気持ちが湧いてこないのでしょうか。

田舎で自給自足の生活をしている人たちや、自営業の人には、定年がありません。どうやっても仕事ができないという状況になるまでは、ずっと働いているはずです。ですが、都会に住んでいるサラリーマンは「定年退職後はのんびりと年金生活を送ろう。高齢になって自力で家事や移動ができなくなったら、子どもに面倒を見てもらうか、施設に入ればいい」……そのように考えているのかもしれませんが、その通りになるとは限りません。

自分で食事が作れない、買い物にも病院にも行けない、入浴もトイレも自力でできない。いつかそんな状態になることがわかっていれば、自分の生活と命を守るために、まだまだ社会でやるべきことがあるはずです。

第10章　わたしのエンディングノート

次の代に伝えたいこと

『えがお』は、私自身が「あたりまえの生活」を取り戻すために作った介護事業所です。

18年が経ったいま、昔から働いてくれているヘルパーさんと「お互いに、よくここまで頑張ってきたよね」という話をするようになりました。

介助を受けている私だけではなく、介助してくれる彼女たちも「いい環境になって、本当によかった」と、言ってくれます。そんなふうに、和やかに「よかったね」「頑張ったね」と言葉を交わせる雰囲気が、私にはとてもありがたいことで、心から感謝しています。

自分が努力して「あたりまえの生活」を取り戻したという誇り。

一緒に頑張ってくれたヘルパーさんたちへの感謝。

この会社は、そうしたたくさんの思いで作られていて、私とたくさんの利用者さんの「あたりまえの生活」を支えるという責任を背負っています。

そうした思いと責任を、次の代にしっかりと伝えなくてはいけない。意識がその方向に向いた途端、解決すべき課題が山のように見えてきました。

正直、一人で抱えるのはしんどいほどの難問です。一つの問題が片付いても、ぜんぜん楽になれません。

ですが、なんとか乗り越えてみせます。体は繊細ですが、親や親族からもらったこの性質のおかげで、生命力と精神力は強い方ですから。

徳川家康が残した言葉に、次のようなものがあります。

「人の一生は、重荷を負うて遠き道をゆくが如し」

その人が持つべき荷物が与えられ、それを背負っていくのが人生であれば、生きている間に楽になることは、ないのかもしれません。

ですが、重くてもしんどくても、私は仕事が楽しいと感じます。

重い病気を発症し、誰かの助けがなければ生活できない体ですが、自分の生活を自分で守り、会社を作ることで職員と利用者の生活も守っています。立派な仕事をしているのだと誇るのなら、背負っているものの重みも誇りにして、前向きに楽しんでいこう――そう、思っています。

職員たちにしてあげたいこと

今はやるべきことが多くて忙しい状態ですが、落ち着いたら、職員全員でどこかに旅行に行きたいと思っています。ただし業務上、全員で行くことは困難です。利用者さんの介護がストップしてしまわないよう、必ず誰かは仕事をしなくてはいけません。仕方のないことですが、残念です。

全員一緒ではありませんが、日頃の感謝を伝えるため、何人かの職員と一緒に食事に行くことはあります。遠慮して断る人がいますが、私が皆さんと仲良く食事したい、美味しいものを一緒に食べたいと思っているだけなので、遠慮することは一切ありません。むしろ遠慮されると凹んでしまうので、付き合ってくれたほうが嬉しいです。

他にも、長年勤めてくれて、高齢になったヘルパーさんの誕生日を祝いたいと考えています。体力のこともあって勤務は週に2回程度になりましたが、しっかりと責任をもって働いてくれるので、どうにかして感謝の気持ちを形にしたいと計画しています。

友人・知人を助けたい

最近、親しくしている友人２人と話す機会がありました。

一人目は８０過ぎの人です。電話をかけたとき、彼女はずいぶん落ち込んでいました。何があったのか尋ねてみると、老後は子どもを頼るつもりでいたのに、断られ続けて、ついに引導を渡されてしまった。この先どうしたらいいのかわからない、とのことでした。

私は体が動かないため、多くの人に助けてもらいながら生活していますが、どのようなサービスを受けるのかは私自身が決めています。誰かに依存したり、頼り切ったりしているつもりはありません。自分がどう生きるか、そのイメージをしっかり描いていますし、途中でそれが難しくなっても、これまでの経験から立て直せるという自信があります。

老後のことは子どもに任せる。少なくない人がそのように漠然と考えているかもしれませんが、子どもがそれを承諾したとしても、将来、子どもが健康で、経済的に余裕がある状態だとは限りません。とても不確定要素が多い、危なっかしい将来計画なのだと、改めて思いました。

二人目は、２０年ぶりに訪ねて来た友人です。私より若いし、息子が無事に就職したと聞いて、「それなら、もう何も心配はないね」と思っていたのですが……足が弱くなり、自力で立ち上がることが難しくなってきたそうです。それがショックだったのか、心のコントロールが上手くいかなくなり、うじうじと悩んでいました。また、少しだけ認知症の症状も見られました。

多少体が弱くなったといっても、私から見れば十分に動ける状態です。それでも心のバランスを崩してしまうのか。体に問題がなくても、漠然と描いていた将来設計が崩れただけで落ち込んでしまうものか。健康な人でも、そんな「危うさ」が日常的に転がっているのだと、実感した出来事でした。

私は重い病気ですが、二人よりも安心して暮らせる環境にあるのかもしれません。もちろん、学生ボランティアさんが必ず来てくれるという保証はありません。誰もいない時にSiriが応えてくれない時もあるでしょう。それでも、自分はどうにか切り抜けて、立ち直れるはずですから、まだまだ勉強をして、努力して、困っている友人や知人の力になりたいと思っています。

感謝の気持ち：自分の介護をしてくれるヘルパーさんへ

利用者のお願いに、ヘルパーは「また？」「えー（嫌だな）」という棘のある言葉を吐いてしまうことがあります。それは、利用者がなぜそれを頼むのか、心から理解していないことが原因です。

長い付き合いのヘルパーさんは、私が何かをお願いすれば、言いたいことをすぐに理解して、すぐ動いてくれます。私が「肘が痛い」と訴えると、余計なことは一切言わず「クッションを1枚増やそうか？」「1㎝高くしようか？」と言って、ほどよい距離でサポートしてくれるのです。

あるとき、慣れていないヘルパーさんの膝が私の膝におもいっきりぶつかって、しばらく痛み止めを飲んでいた時期があります。そのときも、付き合いの長いヘルパーさんは、何をすれば私が痛がるかよく知っているので、パーフェクトな介護で支えてくれました。

私が「さすがだね」と褒めると、「小柴さんの介護、何年やっていると思っているの」と、軽い口調で答えてくれて、お互いに笑い合いました。

そんな明るく和やかな空気が嬉しくて、この『えがお』を作って正解だったと、改めて実感しました。他の介護事業所に頼っていたら、私のような利用者はとっくに見放されていたでしょう。障がい者住宅で体験した、あの地獄のような日々に逆戻りしていたかもしれません。

ここに至るまで、私もヘルパーさんも、かなりの努力をしました。「会社をつくって18年間、よく守りきったね」と、介護をする側と受ける側が一緒に振り返り、労い合うことができるなんて、本当に嬉しくて、ありがたいことです。

また、18年という歳月は、私に新しい楽しみもくれました。付き合いの長いヘルパーさん2人に、それぞれ3人の子どもができたのです。

私には子どもも孫もいませんから、その子達がまるで自分の孫のように思えて、ときどきプレゼントを買って渡しています。喜んで受け取ってくれることが嬉しくて、次は何を贈ろうか、どんなものなら喜んでくれるかなと考えたり選んだりするとき、とても心が踊るのです。

感謝の気持ち：学生ボランティアさんたちへ

夜はボランティアさんが泊まってくれて、見守ってくれる。その活動は、もう30年近く続いています。入院中もお願いしているので、最初は病院から「どこかのボランティア団体に依頼しているんですか」と尋ねられました。でも、違います。

きっかけは鳥取大学のボランティアサークルにお願いしたことですが、私と学生ボランティアさんは1対1の関係で、鳥取大学以外の人も口コミで集まり、参加してくれています。

お金がもらえるわけじゃないのに、自分の時間を使って来てくれる理由は「面白いおばちゃんだから」、「学校では教えてもらえないことを勉強できるから」のようです。私は学校で学ぶようなこととは違う話をしますし、今は祖父母と一緒に住んだことのない若者が多いので、高齢者の話を聞く機会があまりなく、興味がわく

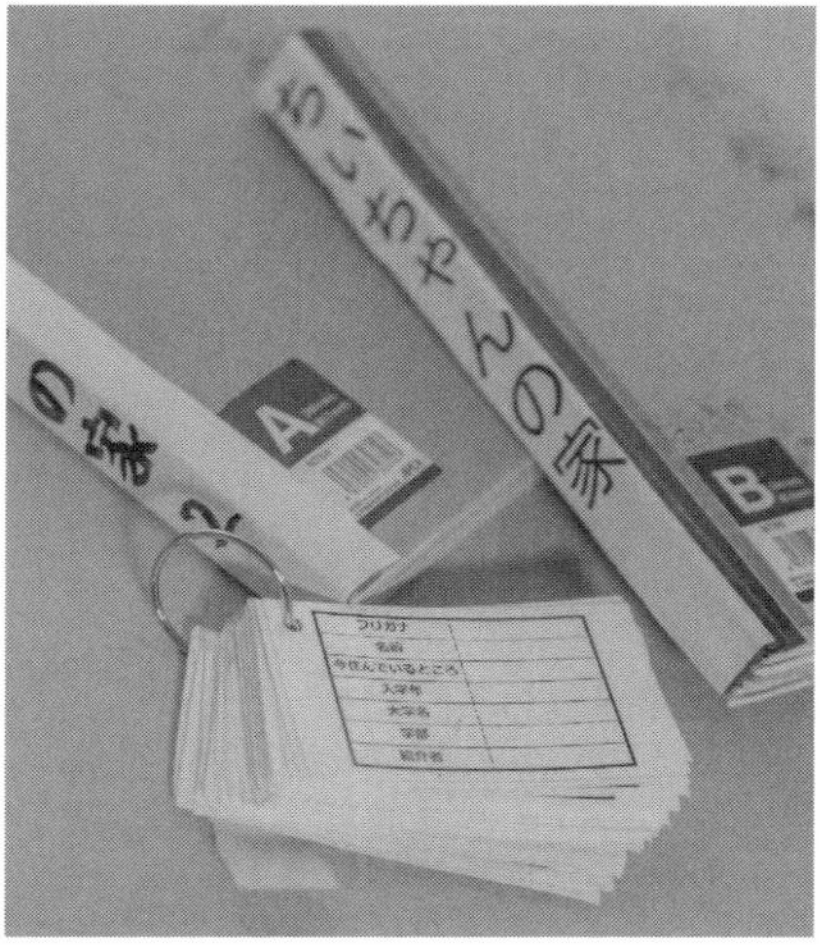

お世話になった学生ボランティアさんは、数え切れない

のかもしれません。

若い人とのお喋りは、とても楽しいです。難しいと思ったことはありませんし、男性でも女性でも、素のままで会話しています。考え方や価値観は自分とは違いますが、その違いを聞くことが、面白いのです。

また、たくさんの情報をもらっています。工学部の学生が来たときは、パソコンやExcelの使い方などを勉強させてもらっています。「Excelでこういう表を作りたいんだけど、どうやるの?」ときくと、ホワイトボードを使ったりして、丁寧に教えてくれます。ですから、私のパソコンの知識は、ほとんど鳥取大学の工学部の学生から学んだことです。

大学を卒業しても他県に行っても縁が切れず、困った時に電話やチャットで教えてくれた子もいました。ありがたいことです。

これからやること

これまで2回、私は写経にはまりました。

1回目は、筋ジストロフィーと診断された時です。いずれ歩けないようになる、立てなくなる、物が掴めないようになる――その言葉だけで、とても怖くなりました。その時、自分の気持ちをコントロールするために写経を勧められたのです。2回目は、夫が亡くなった時です。

どちらも、とても救われました。写経をしている間は余計なことを考えず無心になれるため、苦しいときも、気持ちを落ちつかせることができるのです。

今も思い悩むことが多いので写経をしたいのですが、それは難しいので、読書や勉強をしたいと考えています。そのためには、自室のベッドの頭の方にパソコンのモニターを設置するなど、環境を整えなければいけません。ノートパソコンの画面を大きなモニターに映せるように設定はしたので、あとはアームでモニターを固定するだけなのですが、その位置取りに悩んでいます。介護の邪魔にならないよう、どんな形のアームがいいのか、誰に設置を頼むのかも、まだ決まっていません。会社のことを優先して自分のことは後回しにしてしまうので、なかなか進まないのです。

また、農業をやっている畑や、夢ハウスの作業場など、現場に足を運べる環境づくりも必要です。最近、車椅子ごと乗車できる車が発売されたので、試乗を申し込みました。購入できるかどうかはわかりませんが、楽しみです。

事務所も、一つにまとめたいと思っています。いまは数カ所に事業所が点在していますが、一カ所に集めることができれば、より無駄のない運営が可能になるはずです。

ですが土地のことは、人の縁や時期などが深く関わっているため、私一人が頑張ったところで、上手く運ぶものではありません。これまでお世話になってきた方々、支援してくださっている方々は、すでにいくつかの候補地を念頭においてくださっています。

私は良い話が持ち上がってくる日を待ちながら、その時がきたらすぐに動けるように、準備しています。

さいごに

私には、まだまだやるべきことが沢山あります。その全てに挑む気力はありますが、体重が戻らないこともあり、体はなかなかついて来てくれません。

「きついな」「しんどいな」と思うことはあります。

それでもこの道は、私が自分で選び、歩み、最後にきちんと託してから終わらせると決めた道です。それを思い出すだけで「まだ頑張れる」という気持ちになれます。

自分で選んで、自分で決める。

多くの人は、あまり意識をしなくても、人生をそれなりに幸せに過ごせるのかもしれません。ですが私は「施設には入らず、自分の家で暮らす」ことを選び、「会社を作って、自分の介護を確保する」「社会で働ける場所を作る」ことを決めなければ、自分らしく生きることができませんでした。

もちろん、ここまで来れたのは、多くの方々に助けてもらったからです。

これまでお話ししたことは、私が勝手に見つけたり、悟ったりしたことではありません。私に関わってくださった何百人もの学生ボランティアさん、ヘルパーさん、行政の方々や地域の皆さん、職員さんたちが、時には優しく、ときには心が痛くなるような言葉を私に浴びせてくれたからこそ、学ぶことができました。そして、気持ちを強く持てる自分へと、成長させてくれたのです。

私は、たくさんの人たちに助けてもらいながら生きていることへの感謝を忘れたことはありません。だから、嘘をつかず、正直に、誠実であろうと努力をしてきました。

もし、私がずるい嘘をついたり、本心ではない飾りの言葉を口にするようになれば、私を支えてくれる人は、一人もいなくなるでしょう。ここまで助けてくださった方々は、私のその努力を見てくださっていたのだと思っています。

「念ずれば花開く」

私の好きな言葉です。

努力をすれば必ず叶う。あきらめずに進めば夢は叶う。

それはキレイごとでも、たんなる理想でもありません。

私の生き様から、これは現実の言葉なのだと感じていただければとても嬉しく思います。

【著者プロフィール】
小柴千鶴（こしば ちづる）
えがお株式会社代表取締役。NPO 法人夢ハウス会長。
27 歳のとき進行性筋ジストロフィー発症と診断を受ける。さまざまな困難を乗り越えながら「IT であれば障がい者でも仕事ができる」と思い立ち、「小規模作業所夢ハウス」をスタート。また、介護事業所からサービス提供を辞退されたため、平成 16 年に自ら「ホームヘルプサービスえがお」を設立。後にその２つの組織を法人化し、仕事と生活、両方の幸せをかみ締めながら日々を過ごしている。好きな言葉は「念ずれば花開く」。

動画『チヅルとコロッケとヘルプ』のフルバージョンを納めた DVD をご希望の方は、えがおまでご連絡ください。

えがお株式会社
〒 680-0843 鳥取県鳥取市南吉方 1 丁目 58
TEL (0857) 29-2032 / FAX(0857) 24-3908

自分で選び、自分で決める「あたりまえ」の人生
赤字なしで 18 年間会社を成長させ続けた筋ジストロフィーの経営者

2023 年 12 月 24 日　第 1 刷発行
著　者——小柴千鶴
発行者——高木伸浩
発行所——ライティング株式会社
〒 603-8313 京都市北区紫野下柏野町 22-29
TEL：075-467-8500　FAX：075-468-6622

発売所——株式会社星雲社（共同出版社・流通責任出版社）
〒 112-0005 東京都文京区水道 1-3-30
TEL：03-3868-3275

編集協力：酒井若菜　　写真：大塚健一朗（株式会社 Giveseed）
印刷製本：渋谷文泉閣

乱丁本・落丁本はお取り替えいたします
ISBN：978-4-434-33236-4　C0034　￥1200E